中国式价值投资
修订版

李驰 / 著

中国人民大学出版社
·北 京·

图书在版编目（CIP）数据

中国式价值投资 / 李驰著. --修订版. --北京：中国人民大学出版社，2016.4
ISBN 978-7-300-22351-3

Ⅰ.①中… Ⅱ.①李… Ⅲ.①股票－投资－研究－中国 Ⅳ.①F832.51

中国版本图书馆CIP数据核字（2016）第013578号

中国式价值投资（修订版）
李驰 著
Zhongguoshi Jiazhi Touzi

出版发行	中国人民大学出版社		
社　　址	北京中关村大街31号	**邮政编码**	100080
电　　话	010-62511242（总编室）		010-62511770（质管部）
	010-82501766（邮购部）		010-62514148（门市部）
	010-62515195（发行公司）		010-62515275（盗版举报）
网　　址	http://www.crup.com.cn		
	http://www.ttrnet.com（人大教研网）		
经　　销	新华书店		
印　　刷	北京联兴盛业印刷股份有限公司	**版　　次**	2010年5月第1版
规　　格	148mm×210mm 32开本		2016年4月第2版
印　　张	7.5 插页2	**印　　次**	2025年11月第13次印刷
字　　数	170 000	**定　　价**	49.00元

推荐序

投资里的辩证法

中国人会“做生意”，两千五百年前就有大家范蠡。“投资”却发达于西方，近几百年弄得世界风生水起，中国人现在几乎是全民皆投资。

用东方的“禅”诠释投资的辩证倒确实入木三分。投资充满禅机。制定投资规划，需要预期经济形势的“远与近”、计划投资周期的“长与短”；投资实践，需要掌握投资组合的“动与静”。获取尽可能多的收益，是人之天性，既想追逐短期机会，又不愿放弃既定的长期战略，可实际情况往往事与愿违。频繁切换于热门股、沉迷于市场的短期波动，常使我们左右相顾不暇，结果并未实现既定的目标。看似对立、难以取舍的正反两面，实质上常常是统一的。投资的实质是保障资本的安全，在获取尽可能确定的收益的同时降低风险。比别人更早地发现价值洼地，并使成本具有安全边际，方是盈利之道，才是从整体上把握投资方向的出发点。再成熟的市场，短期波动甚至阶段性背离的情形，也是不可避免的。市场躁动恰如“风”动、“幡”动，它不应打乱全盘投资规划。“心动”，才是拿不住股票的真正原因。所以，等待是一种征服，静守是一种境界，唯有“心静”，才能于风浪间岿然不动，闲庭信步；以静制动，方能看准良机，动静结合，出奇制胜，得道入禅境。

在中国，许多做投资的人，有意无意间贯通“禅意”，将“禅”与投资结合起来，相得益彰。本书作者李驰先生在多年的实践、领悟后，形成了一套独有的“中国式价值投资”理论，不拘于经典价值投资理论本身，在实践中找到最适合自己的投资方式，亦是禅之意境。

投资究竟为何物，直叫人如此眷恋？投资与市场经济同生，伴随实业的兴衰，走过人类几百年的历史长河，在西方源远流长。改革开放之后，“投资”二字，由西方引入中国寻常百姓家，至今时间不长，已是遍地开花。但是，投资虽然入门容易，举手之间就可以身临其境，把握起来方知常胜之难。这使我想到打高尔夫球：弹丸之物，一杆一球，随意挥洒，人人可行，可入得门来方知球道之高深莫测，总在似是而非间挣扎，别人的成功方法常是导致自己失败的陷阱。只有找到最适合自己的方式，才是成功的开始。投资也一样，因人而异，收益随着人们的喜怒哀乐，跌宕起伏，无定理可解。

岁月洗礼后，投资大师的理论各有拥趸，但无论价值投资、趋势投资还是其他投资理论，投资哲学本身并无高下之分，本源相同，只是不同的人运用起来常有天壤之别，正所谓经书万卷只做眼界大开，见招拆招方显慧根深浅。对中国的普通投资者而言，投资虽是新生事物，但并非高不可攀，领会了投资大师的理论后，更重要的是研习自己，触类旁通，做到深入浅出，得心应手。

价值投资在中国方兴未艾，其对中国资本市场的贡献，是直接或间接地培养了一大批运用价值投资理念进行投资的机构投资者，同时越来越多的普通投资者已逐步明白，或实践着这一理论。但事实上，在 2007 － 2009 年市场跌宕起伏的过程中，一些以价值投资为主导的资产管理人和投资者，表现却差强人意。价值投资的有效性再次受到质疑，“在中国市场能坚持价值投资吗”成为一个盲人摸象的话题。

李驰认为，价值投资不等于死守投资，也不等于随机投资。

在中国，价值要通过具有中国特色的透视镜去观察和分析。在中国坚持价值投资是可行的，也是有效的，但绝非机械地照搬或者简单复制。要结合中国市场的特殊性，准确领会价值投资的基本原理，辅以他书中介绍的观点和方法去发现和实现投资的最大价值。

成功投资的方法殊途同归，关键在于是否找到适合自己的，否则在错误的路上再怎么全力奔跑也没用。在中国，经过一段时间的投资实践，每个人都或多或少地有所领悟、有所收获。但无论“知”还是“行”，都存在一个“度”的问题，即便离沸点只差一度，水也不会开。如写真画，看得全，却未必画得真，画得真也难得其神，境界眼光，千差万别，“度”不同也。

透过书中的肺腑之言，我们感受到的是李驰对不同的，甚至看起来对立的投资理念的融会贯通。“分别心”的舍弃，换来的是对本质的领悟。基于本质，结合实情，才能够因地制宜，真正把所学所知为我所用。李驰与我们分享的是他对众多投资大师的研究加上浸淫中国市场 20 年的深刻感悟。他在书中所述的“中国式价值投资”，是西方投资理论与中国投资实践结合的尝试，字里行间，分享着寻求投资之道的心路历程、畅谈着源于独特视角的深刻理解，挥洒着那些记忆犹新的投资案例，对比作者书中所述，您可以反观自己在相同背景下的投资节奏和取舍，重新认识自身特点，扬长避短，审时度势，“知行合一”。坚持价值投资之“道”，趁市场之“势”，拿捏有“度”，大器终成。

中国改革开放 30 年，时间虽短，但浓缩了发达国家几百年的经济发展历程，中国经济的高速增长、资产的重新估值、通胀、宏观调控等事件，以及市场短而快的周期，都是发达国家经济发展历程中的缩影。政府宏观调控的强大影响力，缺乏效率的市场，经济形势的快速切换，都给处于成长期的中国资本市场带来了巨大的发展机遇，同时也带来了比成熟市场高得多的风险。在成长、变革的时期，要分辨出拥有经济护城河，能够长期存续，并保持增长性的上市公司，还要被二级市场认可，绝不是照搬经典书籍就能够完成的任务。经过市场的几番洗礼，我们可以期待，在浪退沙尽的金色财富人生之后，找到一代集大成的具有中国特色的资本市场的驾驭者和思想家。

田劲 博士

美国晨星公司（Morningstar）亚太区 CEO

目录

序言

特“李”独行

媒体人称李驰是“中国的巴菲特”。我第一次见到他的时候，他穿一件白色的中式汗衫，个子很高，说话的语速很快，脸上偶尔掠过的笑容竟有几分顽皮。

我当时在想，如果把中式小立领换成高帽潮衣，再加上宽松的滑板裤、黑框眼镜和曼哈顿邮差包，他应该像个街头玩极限运动的嘻哈小子了。因为从他脸上的笑容中实在看不出一丁点儿巴菲特式的城府。每天和巨额金钱打交道的人至少应该是很深沉很狡黠、脸上的每条皱纹里都写满经验和沧桑，如K线图般复杂难懂的范儿吧，可他不是。他只有开怀大笑的时候脸上才有皱纹，而且笑的声音很大，那种笑声会在高亢处打几个转儿，然后绵延开来，传染得你不得不跟着笑起来。

这种非主流的印象在我脑海里印记很深，以至于我现在回想起第一次采访李驰的过程，仍不知道该用什么词来形容当时的感觉。错愕、惊艳、疑惑，好像都不是。因为这个人和我以前采访过的人太不一样了，他像是一种特殊的生态，很难被定义和归类。

连李驰自己也说，他是个永恒的乐天派，面对涨涨跌跌的股市早已修炼出了苏格拉底＋阿Q式的心态。李驰的博客每天都有大量的网友跟贴，理解的和不理解的、强烈支持的和激烈反对的都有。李驰不紧不慢地照单全收，对新朋旧友都不怠慢：该讲的道理一点不打折扣，该说的预测一点不留余地，该开的玩笑潇潇洒洒地开，大有“宠辱不惊闲看庭前花开花落，去留无意漫随天外云卷云舒”的老道和圆熟。从这个意义上来说，李驰不是个愤青，他从不会急赤白脸地较劲和争辩，而是常常用一个让人忍俊不禁的调侃四两拨了千斤，其余的就交给时间了。都说成熟的谷穗会弯腰，如果成熟还保持腰不弯，这就是一棵特别的谷穗了，我想李驰就属于这种品种。

对于金钱，李驰有一个新鲜的说法，他认为钱是用麻袋来装的，所以有朋友戏称他为“麻袋李”。

李驰说，他终身要做的事就是把越来越多的钱装在麻袋里，码在路边。在中国人的印象里，麻袋是用来装土豆、萝卜等有分量没价值的俗物的，如果用来装轻飘飘的钱币，那得装多少才能满啊。这个有创意的说法显然在笨拙中透出几分机巧。我个人觉得，用麻袋装钱是一件很惬意美好的事，它让人产生了很多美妙质朴的遐想。试想一下，把小小的钱夹换成生猛的麻袋，是人生何等快事？那些装满钱币的又大又笨的麻袋，码得像长城一样壮观，是何等有趣又充满成就感？

把赚钱的事弄得太复杂了，人生就无异于苦役，如果不需要太多技术含量，而简单快乐得如同做游戏一样，有谁会拒绝呢？我觉得“麻袋李”提醒了我们一种生活的情怀，那就是：简单有趣，道法自然。

李驰是一个深谙投资投机之道的人。早在 1985 年还在读大学的时候，他就开始“不务正业”，研究当时可能是绝无仅有的没有定价的《股票基本知识与实践》了。他说，直到今天，那本 20 多年前的启蒙书还完好地保存着。近 20 年的投资实践和实战，终于让他炼就了自己独特的投资哲学：慢即快少即多，越不繁越不凡。我不想对他的投资理论和风格作过多的评述，只是想说，一个人如果能够始终保持对生命的热爱和独立自由的精神，那他的人生就是完美的，值得让人心生敬意。

李驰的哲学，遵循的是自己的套路，这个套路也是有点“另类”的。他专注于投资，又不限于投资。他研究宇宙中的混沌，也研究中国传统的阴阳，他喜欢轻松的赵本山，也对严肃的爱因斯坦崇拜有加。他笑称自己是宇宙中的黑洞，对一切有营养的东西，都会迅速吸收转化为能量。他精力旺盛得好像对什么都感兴趣，但又都不求甚解，我以为，这就是芒格“格栅”理论的李氏正解了。

李驰用自己的投资哲学，实现了财富自由，但他一点都不物质。他对名牌了如指掌，因为这些名牌背后的商业价值和财富秘密是他认为值得研究的东西。但他从来不是一个被名牌“logo”的人，深谙自己需要什么。他的讲究有时细致到一个不经意的细节，但他的随意有时又让人觉得，他就是一个平凡如你我一样的凡世俗人。

凡俗到频繁接触“地气”，人就会变得“非等闲”起来。

李驰爱到处“闲”逛，一年当中有大约五分之一的时间花在旅途上。记得有一次聊天，李驰说他刚到深圳时看过一部电影，影片中一个美国投资大亨早上睁开眼还没出被窝，第一件事就是喝着咖啡看当天的《华尔街日报》。这个无比惬意舒适的场景在他脑海里留下了深刻的印象，甚至冥冥中成了他日后人生的写照。

所不同的是，李驰喝咖啡的时间和地点发生了奇妙的变幻，他躺着看报的那张“床”变得其大无比：可能是在新西兰皇后镇数星星的小木屋，也可能是在非洲肯尼亚与黑犀牛、角马眉目传情的大草原，还有可能是在拉斯维加斯发现中国元素无处不在的 Tao Club，就连在南极和企鹅、海豹相伴的日子里，那些无垠的冰雪和黑白也成了他感悟投资的奇妙温床。他很享受和自然亲密接触的时光，因为那个时候他觉得自己就是自然的一部分，他和所有植物、动物一样呼吸生存，懂得了感恩与敬畏、渺小和坚持。

我一直觉得，李驰就是一个自然本真的人，这可能是他的可爱之处，也是他不能回避的缺陷。他熟悉体制内的东西但是不够妥协，他在社会交道中洞察人情世故但不圆通，这让他显得有些傲气和孤独。他最大的妥协就是说出“天黑了，请闭眼”这样的话。这是一种无奈，还是一种“顽冥不化”的智慧呢？

李驰身上一直兼具两种看似矛盾又统一的特质：他有时像个孩童般简单，有时又像入定的老僧一样看透凡尘；他有江浙人的精明和灵活，也有晋商的忠耿和诚信；他坚定地信奉巴菲特的价值投资真谛，也从索罗斯身上吸收借鉴投机的魔法，他认为，只要做到客观理性，赚钱就变得简单。他用理性的尺子丈量世界，也丈量自己的心胸、气度、错误和得失；同时，他又极其感性，红绿大盘让他想到情色股市，想到月球上才有完美，想到最喜欢傍的大款是政府，想到《功夫熊猫》和《天下无贼》……他的思维很发散，但归根结底都和投资有着千丝万缕的关联。从这一点来说，他极度执著和专注，把投资看做成了他的生命。

李驰，木子马也。我的理解是，他的投资基因是天生的，父母在起名字的时候就注定了他日后的奇特宿命。虽然他不像巴菲特、索罗斯一样都属马，但是因为有了中国特色，就成了独特的木子马也。

独特和不妥协，必定造就他的孤独，这份孤独是一个宝贵的自我的世界，无论如何，值得我们守护和尊重。

李驰说，写完这本《中国式价值投资》的心情是四个字：若有所失。我知道，他失去之后，是重新的跋涉和探索。那些沿途的风景都是有灵性的生命，它们从来都不会消失，也一直在用一种特殊的语言说着话。

他们在说些什么呢？是木言马语么？有谁真正听懂了吗？

但愿，你看到这本书，若有所思，若有所得。

高俊
深圳广电集团《财富博客》制片人

自序
“Yes”里的禅机

2009 年 6 月，北京，仲夏夜。

财经节目主持人李南夫妇设宴款待乔治·索罗斯先生，我有幸赴宴，并当面向索罗斯请教。当我提出“在中国既学巴菲特又学索罗斯是不是可能”的问题后，索罗斯沉思片刻，郑重地说出了一个词——“Yes”。

索罗斯并没有展开说为什么 Yes，但能亲耳聆听到一代投机大师对此不知天高地厚问题的肯定答案，确实让人振奋。

关于投资的“Yes or No”，我其实从未停止过思考，用很具中国特色的说法就是：悟道。

回首我们投身中国证券市场近 20 年的历程，从最初完全投机到价值投资，再从价值投资到再思考投机的核心价值，几乎一直都希望寻找到一个能颠覆传统观念“低风险，高回报”的盈利模式。投资究竟是矮子里选高个还是鸡蛋里挑骨头？是赚一世钱还是赚一时钱？到底是不是会买的仅是徒弟会卖的可当师傅？这些问题一直伴随着证券市场的涨跌互现在我们脑海中反复萦绕。

2008 年初，我的以价值投资为主线的《白话投资》一书问世，当时国内几乎人人都自称为价值投资者。三年后的今天，在国内绝大部分大蓝筹的股价离上证指数最高点 6 000 点仍然相当遥远时，价值投资在中国的有效性开始受到社会的广泛质疑。价值投资在中国市场是不是适用？能否寻找到更好的适合中国市场本土的投资方法？这些问题显得特别紧迫和重要。

在经历了异常曲折的以在市场中交不菲学费为代价的不断试错之后，我今天似乎找到了适合自己的独特盈利模式，悟出了索罗斯隐含于“Yes”中的禅机妙意。这就是：以价值投资方法精选值得投资的股票，用周期投机理论指导买卖时机，在中国证券市场中打一套自成一体的“巴索组合拳”。这也就是我在本书中要详细阐释的“中国式价值投资”。

我认为，巴菲特与索罗斯两人的最大共同之处就是十分注重本金安全，这应该是全球投资人或投机者必须严格遵循的法则。保本——“活着是最重要的”，也就是“留得青山在”，其实是无论什么时候无论怎么强调都不为过。遗憾的是，绝大多数炒股的人（仅仅能称之为炒股者，与投资投机均不沾边，倒是绝对与赌博无异）只是在发生巨亏之后才认识到“保本”是多么珍贵的警言。淡水之于城市日常生活中的人们似乎可有可无，因为有老火汤、运动饮料、醇酒、可乐，但对于沙漠等绝地求生之人，有无淡水事关生死。如果你能有将证券市场时刻当沙漠对待的警觉心，就不会对保本这样平如淡水的老生常谈置若罔闻。

将钱长期存于银行与保本完全不是同一个概念，投资保本后的终极目标完全是为了增值。只有践行巴菲特所说的“别人恐惧我贪婪”，严格用 4 折的模糊价格购买 1 元模糊价值的优质公司，才可以确保所投本金的安全，才能做到“会买的也不仅仅是徒弟”。结果就是：下跌可守，熊市中用企业未来的高分红来冲抵本金可能发生的暂时浮亏，优质公司未来业绩增长的确定性将促使预期市盈率的下降，并最终必然驱动股价回升，使得本金可以有绝对安全保障；上涨可攻，牛市中借助索罗斯所称的市场自强化过程来优化投资收益，最终让本金增值的目标最大化。攻守自如，这就是我所理解的中国式价值投资的核心。

索罗斯在美国证券期货市场趋势自强化过程中实战成果，也适用于同样有着人类七情六欲的中国市场。我们完全可以实行“拿来主义”，将它应用于波动性更强的中国市场，让“会卖的是师傅”成为可能。毕竟我国的证券市场有低到十几倍高到五十多倍的平均市场市盈率波动区间，有自然人投资股票免缴所得税的政策，这与巴菲特、索罗斯所在的美国证券市场有非常显著的区别。美国市场短期买卖股票所得税高昂，并且其相对成熟的市场平均市盈率波动区间也明显窄于中国市场，这让投资人在中国证券市场完全可能打出漂亮的“巴索组合拳”，充分利用我国证券市场固有的周期波动特点与税收优势，让取得超额收益成为可能。

在中国言必称巴菲特者多于言必称索罗斯者，但行投机事的人却远远多于做价值投资事的人。这种“怪”相，我认为与中国特殊的国情和文化有关。

中国人行事一向有“说的不做，做的不说”的特点，于是说与做完全不同就很容易理解了。但目前的现状是：那些希望做巴菲特价值投资事的人买入时严重漠视了巴氏所强调的安全边际的苛刻标准，于是才有了被深度套牢后认为“价值投资在中国失灵”的误判；而那些希望行投机事赚快钱的人，完全看不清一个主要投机趋势的形成往往有数以年计的延续跨度周期，而日思夜想希望以日为单位完成“低吸高抛”的顶尖“投机”，实际上这与索罗斯的投机理论根本是风马牛不相及。无论是巴菲特的理论，还是索罗斯的见解，如果不能充分理解和领会，并充分结合中国的证券市场实情，那就只能是运用不得法、投资不入门。

还有一个“言必不称索罗斯”的原因也是显而易见的。以投机者形象见称的索罗斯在1997年东南亚金融危机时便受到了投机分子应有的对待。马来西亚总理马哈蒂尔甚至称索罗斯为“带有很多钱的白痴”，可想而知“投机”的形象是多么的负面，于是，投机渐渐就变成了一件“做得说不得的事情”。

“投机”一词在今天的中国依然充满贬义色彩，这也是之前我所著的两本《白话投资》中主要论述价值投资而尽量避免投机一词出现的原因。但本意的投机一词speculation，其实源自拉丁文的speculari，是指古代的烽火台。投机者speculator则是指预先发现了危险并做出了适当反应的人，完全是个褒义词。

2007年8月上证指数5 000点左右时，国内A股市场人声鼎沸，热火朝天，我庆幸自己成为那一小撮“发现了危险并做出了适当反应的人”，用我所理解的索罗斯市场自强化理论对当时的形势做出了适当的判断，卖出了全部股票，用自己多年的投资实践证明：十几年来形成独特运行规律的中国证券市场，确实可以成为有经验的证券交易者做超级“低买高卖”买卖的天堂。

运用同样的判断原理，我在等候了一年之久后的2008年8月，重新回到A股市场。在不断下跌中完成建仓任务后，我再次选择了与2006年时所做的完全一样的事：等待。“无为而治”不失为趋势发展与强化过程中的最佳策略，静观这一以通胀预期+人民币升值预期为双轮驱动主题的趋势继续向上，直到哪一天趋势出现明显转向信号为止。应用对趋势的预判来确定买卖时机，完全是我从索罗斯那里汲取的“烽火台瞭望者”式经验。

没有最好，只有更好。本书介绍的“中国式价值投资”可能不一定适用于所有的投资者，但如果通过阅读这本书，你能快捷地找到未来财富提款机的密码，那将令我感到十分欣慰。

最后衷心感谢田劲博士在百忙之中为本书作推荐序，感谢为此书付梓付出辛勤劳动的孙海玉女士、何凌枫女士、梁淑敏女士、郑雪梅女士及各位工作人员，感谢江涛女士、高俊小姐、赵建中先生等朋友的大力支持，同时要特别感谢作为读者的你，未来财富滚雪球路上有缘同行，善哉！

李驰

再版前言
投资，仍在继续

2010 年 5 月，我的《中国式价值投资》出版了，于我而言，这本书是一座里程碑。2006—2007 年，A 股迎来了历史罕见的大牛市，我在巨大浪潮中全身而退，写下了自己理解的“中国式”价值投资。此后便是 A 股的漫漫熊市。2014 年，我将自己从旅行和投资中悟到的经验汇成新书——《投资是一场长途旅行》，预言牛市的征程已经悄悄开始。

蛰伏八年之后，2015 年的股票市场热闹非凡，A 股市场在不动声色中迎来了一波又一波的众人狂欢，然而很快又开始治疗灾难后的伤痛。出版社希望能修订《中国式价值投资》，我也应邀为五年来的投资长跑做总结，审视当时自己对投资的思考，看看这五年中新出现的投资现象和机会。投资路漫漫，岔路不断出现，每一个选择都决定了不同的终点。不过，这次修订并没有对内容做大的修改，读者看到的仍然主要是我 2010 年之前的投资心得。

并不奇葩的 A 股

有人问我，书名为什么叫“中国式价值投资”？之所以强调“中国式”，是因为我们的市场确实有自己的特点。A 股有什么特点？股票市场作为恐惧和贪婪的结合体，各国股市的运行规律都差不多：股票便宜的时候没人要，贵的时候一哄而上。这个规律在中国表现得更明显，便宜的时候比别人更便宜，贵的时候比别人更贵。这就是“中国式”。

《中国式价值投资》问世后的这几年，中国股市“中国式”的特点越来越明显了。当年该书完成的时候，还只能看到“贵更贵”的一面，即每一次牛市，我们的股票都比香港贵得多。另一方面，每一次熊市，A 股市盈率低的时候又低到难以想象，比如蓝筹股的市盈率可以低到 3.8 倍，简直世界罕有。

这奇葩吗？其实并不奇葩，因为规律显而易见，容易掌握。在这种“中国式”的市场里，低买高卖的机会更多了。我说的中国式价值投资的核心就是：在熊市里，你可以用超低价格买到你看懂了的好公司的股票。尽管你买的股票可能会跌过头，会产生浮亏，但只要你买的股票被低估又有确定的业绩增长，就算股价不涨，市盈率也会持续下降。被低估的股票，估值迟早会回归，如果股价涨过头，投资者就能获得超额收益。

投资者怎样才能利用这种大波动的规律呢？等！以足够的耐心，等到足够便宜的时候买，等到足够贵的时候再卖。这听起来确实很简单，但能真正理解和实践的人不多。少数坚持下来的人确确实实可以赚得盆满钵满。

市场无比复杂，所有股票都有高波动性。波动短期看虽无章可循，长期看却美而有序，那就是只有优秀公司的股价才可能长升长有，热门股和概念股的虚高股价终将坠落到地平线。只有坚守中国式价值投资理念，买优秀的公司才能赢，好东西要经得起时间的检验，中国式价值投资的规律总会起作用，它可能会迟到，但不会缺席。

炒股之“道”

赚股市的钱，不会是赚轻松的“快”钱，炒股之道需要大量的时间和经验来领悟。老股民中很多人已经退出了市场，留下来越久，就越理性。能看出大家的方法都很一致，这就是升华出的炒股之“道”。庄家和“涨停敢死队”的方法都是“术”，术各有不同，道则都相似，若想长期持续盈利，必须掌握“道”的规律。

新股民尚未在股票市场里经历多年沉浮，自然难懂这个道理。随着移动互联网的发展，信息传播很快，市场的恐慌和兴奋都来得更快更强。市场产生财富效应，赚快钱的诱惑不断吸引新股民进场。每一轮牛市下半场都有大量的新股民进入股票市场，多贵的股票他们都敢买。正是因为有了他们，所以指数会更快地上扬。2015 年上半年，人人都是股神的牛市下半场，新股民一旦尝到甜头就容易不断加码融资，使用加杠杆等老股民不太敢使用的激进投资方法。初生牛犊不怕虎，这句话不一定都含正能量，每一次赌性压倒理性，市场就会崩溃。新股民总会交不少学费，能学到价值投资真谛的人还是少而又少。

不研究“道”的人，也容易陷入阴谋论的误区，什么“政府在有意打压偏热的市场”，或者“政府要让股市涨，股市就得涨”。我不认可各种阴谋论。前几年，郭树清主席很想让低估的蓝筹股涨，语重心长地告诉大家按市盈率炒股。讲完后，蓝筹股股价又下了两个台阶。这就证明了：政府或者某一个人是无法左右市场涨跌的。中国式价值投资理论能成为常青树，一定是符合了股市运动的内在规律。最简单的规律就是：贵的东西总有一天要跌下来，便宜的东西迟早要涨上去。

在《中国式价值投资》问世的 2010 年，我认为银行股七八倍市盈率已经很便宜了，可是它在涨上去之前竟然又跌了四年。这让所有相信我的理论但不够坚定的人认为中国式价值投资理论失效了，或者价值投资理论不适合中国股票市场。时至今日，我依然坚信我的中国式价值投资理论。这种便宜了还有更便宜的情况，恰恰是价值投资的“中国式”。A 股一共有 2 000 多只股票，16 只银行股都只有几倍的市盈率，而别的股票都有几十甚至几百倍的市盈率。银行股即使盈利不增长，或者盈利倒退，相对于其他 2 000 多只股票而言，依然非常便宜。泡沫是什么样的呢？像全通教育那样，利润才几千万元，却有几百亿元的市值，这是绝对的疯狂。这种股票的神话迟早要破灭。

炒股不炒市

多数 A 股股民看上证指数来炒股。当指数涨势凌厉的时候就心痒痒，觉得手上的股票也应该大涨。其实，手上的个股表现可以和指数完全背离。比如上证指数上涨的时候，你手中上证 50 板块的股票不涨反跌。对又好又便宜又滞涨的股票，你根本不应该卖掉而应该再买，因为你手中的股票又好又便宜，在某一时期又跑输了指数，未来再涨回来的概率更大。又比如，上证指数下跌，你手中的创业板股票还快速上涨冲顶，股价明显脱离基本面，这时，你应该把创业板股票卖掉。

你总是无意识地拿手上的股票和两个标的比，一个是跟指数比，一个是跟市场上每天涨幅排在前面的股票比。这种短期的股价涨跌比较会让你变得心浮气躁，诱发你把好股票卖在低点，泡沫股追在高点。理论上，价值投资不应该太在意股价的短期涨跌，而是应该看重手上股票的估值、质地和未来盈利增长的潜力。比如特斯拉，在 2015 年纳斯达克指数不断创新高的时候它却一直在波动，甚至有往回走的苗头，2014 年的时候股价还在 300 美元左右，此后一年一直在 190 ～ 230 美元徘徊。再看看中国中车，六个月涨了五倍，被人戏称为“中国神车”。但这两家公司后来的股价表现怎么样？中国中车的股价已经从接近 40 元跌回到 12 元，特斯拉则涨回到 240 美元以上。所以股民更应该关注自己持有股票的基本面，而不是指数和别人家的东西。每天关注股价的短期波动，或者跟一个指数去比，这根本不是投资，而是投机。股价跟基本面的背离可能会持续很长一段时间，好公司的股价回调，从某种角度看是一件好事，能让你（如果有钱）可以买更多。

股票布局讲究方法论

到底要怎么炒股呢？彼得·林奇的一种投资方法是，太太买了谁家的女装或者袜子，他就去投资那家公司。虽然我对互联网行业长期看好，但是对互联网公司的股票不看好（后面我会讲为什么）。不过我自己还是布局了一点去哪儿（在美国上市的旅游报价平台公司），好的时候也涨了 1 倍。当然我不敢买多，新经济作为投资布局中的一部分是可以的，但永远不要把全部身家押在上面。

如果有人跟我谈股票，我会问他三个问题。第一个问题是：你买了股票没有？如果没买，那是纸上谈兵，没有实际意义。有人买了又好又低估的蓝筹股，就因为没涨，他会质疑买蓝筹股不好，甚至是自己运气不好。我就问他第二个问题：涨得好的股票你买了没有？买了多少？基本会发现他买得很少，他又说自己手中最好的股票六个月涨了五倍，我就问他第三个问题：那你自己的总市值有没有六个月涨五倍？回答又是 No。由此可见，你可能买到一只涨得厉害的股票，但因为你明白这只是参与投机炒作而已，其股价已经与公司的内在价值离得太远，所以你只敢买一点点，其实没有任何意义。

一讲到我的投资方法，就有人嫌弃我买的这些股票都涨得慢，但是我可以把所有的钱都押在上面，还照样能睡安稳觉。涨一元是一元，涨两元是两元，整个资产市值就会增长得很快。如果只是组合里仓位很轻的一两只股票涨得凶就没有意义。

索罗斯与下属也曾有这样的对话。他的一个操盘手说："我感觉它要涨了。"索罗斯问："你买了多少？占你总头寸多少？"他回答只是配了一点。索罗斯认为那根本没用，这是浪费了一次机会，或者说这根本不是一个机会。因为机会在眼前，如果你认为是肯定的事情，一定要下重注。"重注"对我而言的定义是，准备投资的钱，至少要配 1/3 在你认定的机会上面，你为什么要白白放弃一定会涨的股票呢？只有身家总是在涨，你才能参与股市这个游戏。否则只是这一轮牛市赚钱，到了熊市的时候不仅盈利没了，还倒贴了钱。如果你赚钱的时候别人也赚，别人赔钱的时候你赔得更多，那就是失败的配置了。

这也是我一直说"投资多元化是陷阱"的原因，因为你不懂才会到处乱投，实际上是摊薄了收益率。投资不是拼多元化，要看准了苗头下重注，而不是到处留情撒种。

投资的幸存者偏差

身在股市，最关心的肯定是买什么。其实我想买的东西早就买了，持有那些便宜又有确定成长性的蓝筹股是我的不二选择，散户往往非理性，越贵越来买，散户的这种和估值背道而驰的布局，就是我说的"中国式"。

非理性的原因在于博傻的心理，在于心太急。不会炒股的人都希望买涨得凶的股票，觉得买来就会涨的股票就是好东西，要是被套了肯定水平不行。其实买了马上赚钱不代表你是对的，因为完全可能是个陷阱在等着你，比如银泰和汉能薄膜。而我认为买一个便宜又有确定成长性的股票才会赢，所以我出手的都是低估值、未来 5 ～ 10 年能持续成长的公司，这些股票大多数都是金融股和品牌类消费股。这些公司未来 5 ～ 10 年输到 0 的概念几乎等于 0，所以你可以把很大的身家押在上面。虽然小公司可能涨得很快，但你敢重仓吗？投资里面也存在幸存者偏差的问题，也就是说比如有 100 个鲁滨逊，可能前面 1 ～ 99 号都死了，他们的事情根本没人知道，但是鲁滨逊 100 号活下来了，于是他的故事地球人都知道了。忽视了 1% 的成活率，大家以为冒险出海是一件很好玩的事情。

同理，一个活下来的公司，全人类都知道，但是其他死掉的公司你知道吗？团购是最明显的例子，最火的时候大概有 5 000 家团购网站，现在国内只剩下了美团和大众点评，这真是一个一将功成万骨枯的行当。这就更证明了不能均匀下注。如果你对每一个团购公司都投 1 万元，一共投了 5 000 万元，即使投到了美团和大众点评，涨了 2 499 倍，也只不过打个平手，因为剩下的 4 998 家公司都跌到了 0。这个例子也说明了我看好互联网行业，不看好普通互联网公司（除互联网平台型公司、优先卡位公司和垄断型公司外）股票的原因。互联网让社会资源配置的效率更高，让企业销售产品和提供服务的效率更高，消费者比较同类产品的价格更容易。尽管对社会和消费者有好处，但是企业为了赢得订单，总在过度比拼谁的售价低，对企业的盈利会带来很大的负能量。

不能指望投资“明日之星”也是这个道理。很多东西都是可遇而不可求的，“明日之星”顶多算个噱头，只有在从发展的过程中走出来以后你才知道。所以善于投资的人都在意“输的概率小”，而不是总幻想它能涨多少倍，李嘉诚、巴菲特都是这个思路。李嘉诚说，要做一个新项目，你先不要跟我讲能赚多少钱，只须告诉我三年后这个企业还在不在，搞三年还要不要我再投钱。三年都不要让我再投钱，而且你还能继续发展，那就没问题。实业如此，股票也是如此。多数人的想法都是我能不能找一个涨十倍百倍的东西，但若是真有这种好事，哪里还轮得上你呢？

互联网的牛吹大了

中国特色有一个明显特点，中国人特别会讲故事，每隔一段时间都会有个讲得很动听的故事，然后很快破灭，破灭之后就再也没人提了。

我认为新产业就是让投资人趋之若鹜的东西，什么突然火起来就炒什么。比如 2000 年的互联网泡沫，有个 .com 就觉得特别厉害，然后泡沫破灭了；刚有火车的时候，铁路股涨得一塌糊涂，然后基本上全军覆没；刚有飞机的时候也一样，所以巴菲特说不要投航空业。假设早有股市，在大家只能挑水做饭的时候，自来水公司把水管铺进家家户户，市面上很快会出现无数个标榜经营自来水的公司，只要看起来和自来水有关，这些公司的股价都会被炒上天。 最后的结局是，99% 的自来水题材公司消失了。

现在的移动互联网热也和以前的 N 次热没什么区别。我们看一看上一轮熊市，2000 年从高位跌下来的美国互联网公司，现在基本找不到它们的名字了，顽强冲上来的只有亚马逊，亚马逊的成功靠的也不是原来 2000 年的互联网商品销售，而是这几年发展起来的云计算（AWS）。连 Yahoo! 都已经不在榜单上。所以，现在火热的公司到最后大部分会以股价跌掉八九成而告终。

还有个问题：这一轮起来的公司跟上一轮完全没关系。苹果公司在上一轮连泡沫都没碰到过，在这一轮成了主战场，而谷歌在那个年代甚至还没有上市。所以你会发现，如果指数在同一高位，现在跟当时比较，不做换股的话，资金永远都回不来。大家看好互联网给人类带来的便捷，比如我们开始习惯用滴滴打车、去哪儿，可能对股价上涨有贡献，但是当它真的盈利时，每年都是均匀地赚钱，盈利增速回归常态，市盈率反而跌到一位数，这种事情都可能发生。

公司很好、行业顺应历史潮流，但股价太贵了就不是好标的。买完了可能短期能涨一两倍，但是放了十年八年之后，可能偏偏不赚钱。投资不是一两年的事，最起码要看十年八年。好的买点：公司有护城河，不容易倒闭；管理层能干，能建立起领先的竞争优势；盈利有确定的稳健增长。灾后建仓，买的时候股价被低估。有些人只知道这个公司最近股价老涨，就去赌它未来一段时间会继续涨，这是盲目投机。价值投资一定要弄懂 K 线后面的原因。

未来首富哪里来

互联网热本身没有问题，但这不代表要将其他的都忽略。所谓金融脱媒，又兴起互联网金融，但你会看到美国的银行被互联网吃掉了吗？中国有很多东西是自己创出来的。一说到互联网＋就是好，＋互联网就不行，这完全不符合逻辑。虽然＋互联网可能比互联网＋差，但是要看差到什么程度。如果互联网＋估值是 100，＋互联网才 1，那就非常不合理了。在我看来，5∶1 可能是比较合理的。比如苏宁是传统行业搞互联网，京东是正宗互联网基因，这两家都是卖东西，你不能说一个估值比另一个高 100 倍，这就等于要么苏宁便宜，要么京东贵，总有一个估值是错的。

大家很清楚，纯互联网基因的企业确实赢面大。移动终端的发展非常亮眼，TMT（指电信、媒体和科技的融合）投资是大趋势。未来最有可能成为新比尔·盖茨的人应该从移动互联网领域里出来，甚至这个人有很大可能会出现在中国。我们人口基数大。不是每个农民都有个人电脑，但现在农民有智能手机是非常正常的事情。小米在短短五年内可以跟BAT（指百度、阿里巴巴、腾讯）齐名，就是沾了移动互联网的光。我们可以说，未来是移动互联网的天下，大数据、云计算、人工智能和移动终端的发展会制造出新的世界首富。

太阳、月亮与地球

跟移动互联网的趋势一样，中国股市国际化也是必由之路。我以前曾形容说美国是太阳、香港是地球、内地是月亮，大质量的物体吸引小质量的物体，因此市值决定一切。彼时美国股市市值最大，香港会跟着美国跑，而内地则滞后地跟着香港跑。

从市值方面看，现在美国还是当之无愧的老大，对我们的影响依然十分明显。美国流行炒互联网，我们也跟着炒；苹果公司的股票涨了，我们的苹果概念股也随之上涨。这种“日地月”关系是一种规律，如果有一天出现了华为股系列，美国跟着中国炒，那可能A股市值就是世界第一了。其实A股的影响力也在渐渐变强，文化输出已经开始，高铁就是一个明显的标志，“一带一路”、亚投行早已不是独立的小事件了。

对于内地和香港而言，月亮和地球的关系已经发生了变化。现在香港的市值比内地小很多，内地人在港股里面的投资数量也增加了，甚至多于香港人的投资，因此香港人的投资行为受内地的影响会越来越大。不过另一方面，香港因为是成熟市场、国际市场，所以更理性、离价值中枢更近，这一点值得留意。港股的市盈率在最高峰的时候比内地最高市盈率低，最低谷的市盈率则高过 A 股，它几十年来都在比较窄的箱体里运行，最高到三四十倍，最低到十倍八倍就很难再向下了，而且运行规律也不会与全球趋势相违背。但内地的股票，市盈率低到四倍，高至七八十倍都不算奇怪，炒起来过于疯狂，跌下去又过于恐慌，仍然是充满非理性的市场。港股虽然是“月亮”，但股价还是很有参考价值的。

当然，如果 A 股涨得太高，比它低的 H 股就不一定是便宜的。对于在两地上市的银行股，沪港通开通前，你把原来手里的 H 股卖掉，换成更低估的 A 股，比现在买同样的 A 股至少多赚 40%（当时 H 股比 A 股贵 5%，现在 A 股比 H 股贵 35%）。现在 A 股涨得更高了，H 股只是显得便宜，但是并不代表它真的便宜，要看公司的质地。

创业板触顶

股市不断上涨，离临界点越近就越不稳定，到尽头了就必然会跌下来。股市就是低的时候很稳定，越往上越摇摇欲坠，过了临界点自然会猛烈下跌。

对于“压死骆驼的最后一根稻草”，我们都不陌生，也有很多类似的经历。回头看看，上一轮熊市压死骆驼的最后一根稻草正好是大家都不喜欢的一只股票，但恰恰是我最喜欢的一只股票：中国平安。当时中国平安公布增发 1 000 亿元，结果当天跌停，从此股市进入漫漫熊市。回头一看，那就是最后一根稻草。其实别的公司在它之前压了无数次都没倒：万科增发了，中信也增发了，都是几百亿元，平安只不过宣布要增发，但尚未增发就触动了开关。现在创业板的高估已经是有目共睹，有了这么多教训，我们怎么还能怀着侥幸心理，觉得自己不会接到最后一棒，这是火中取栗。我们不要参与灭亡之前的疯狂。

还要加倍注意的是更火的新三板，它可以说是非常需要让人冷静一下的板块。因为成交量远小于主板，新三板算是一个边缘市场，恰恰吸引了很多的眼球。它没有涨跌停板，好多股票涨起来势如破竹，好不热闹，到处都是投资新三板的基金，简直非理性到了极点。如果股市崩溃的话，新三板一定首当其冲。

市场永远会在乐观和悲观之间交替，我们永远要在最悲观的时候有份信念，在最乐观的时候有份警惕。投资不仅要对心仪的标的有义无返顾的深深的爱，也要在众人告诉你股价可能跌到无底洞时弄清它的底在哪里。相信常识，高市盈率的东西一定会降下来，低市盈率的东西也会再升起，正所谓“矫枉过正、否极泰来、物极必反”。将这个“道”铭刻在心，市场就可以成为每个人的提款机！

中国股市高涨时让股民欣喜若狂，跌起来又毫不留情，让人心碎不已，起起落落无数次牵动股民的心。希望《中国式价值投资》能帮助你寻找到又好又低估的股票。让我们准备好耐心和信心，坚守价值，再次出发……

第一版前言

投资，千万次的问

作为职业投资人，我今天仍然经常在思考这样一个问题：投资到底是怎样的一门生意？有趣的是，在人生的每一个阶段，我的答案都有所不同。

慢与快

我绝不是一个高智商的人，童年和青春期甚至过得很平淡。在老师和同学的印象里我是一个不爱说话、独来独往、没什么特别好也没什么不好的孩子。我唯一骄傲的地方是数学学得还不错。记得上初中时，有一次老师让我介绍学习数学的经验，我上讲台后紧张得说不出话来，硬是把老师辛辛苦苦张罗的一次很有形式和意义的活动给搞砸了。这件事让我印象极深，也让我后来变得更不爱说话。我把想说的话都记在本子上，记日记成为一种习惯，直至后来演化成做投资笔记，最终演变为我现在的新浪博客。

回想起来，我对文字的推敲应该就是从那时开始的，完全不是因为对文学的兴趣，只是觉得我的想法可以通过文字准确地记录下来，它让我有了一个私人空间，不需要面对大庭广众，而只需要面对唯一一个真实而且可以自赏的“自我”。

而“自我”究竟是什么？大多数的时候，是看不清楚的。

20 世纪 80 年代后期，我接触到一本没有书号也没有定价的证券投资入门书籍——《股票基本知识与实践》，也有幸在90年代初的深圳接触到“小荷才露尖尖角”的中国证券市场，那时出现了中国证券史上的第二波上升行情。那时的深圳几乎人人皆炒股，市场越来越热闹的时候我也不甘寂寞，热血沸腾地进场去小试牛刀。刚开始投入的资金量很小，算是谨慎下水吧。和大多数初涉股市的投资者一样，我频繁买卖，不断换股，总是希望买到中短期涨得更快的股票，一旦套住了就死等，赚了钱后就以为是自己的选股水平高。在当时的牛市普涨行情中，我确实赚到了来得容易的“快”钱，但到了1993年下半年开始的熊市，这一招就失效了。可是我完全没有意识到，反而依然信心满满甚至还加大了炒股的资金量，结果我的获利慢慢地全部吐回。一直到1996年年中，我都属于“套牢盼解放一族”。那是我经历的第一个证券市场牛熊转换周期，应该说根本没找到市场感觉，赚不到钱是必然的下场。

有了一些人生的阅历之后，再回头看，就会发现老子所说的“后其身而身先，外其身而身存。以其无私，故能成其私”是何等的人生智慧。只是在曾经年少的日子里，我们都太看重似乎可以天下无敌的自我，太渴望成功捷径之快，而忽略了慢和少的价值。

早与迟

跟许多投资者相比，我应该算是最早进入证券市场的那批人了。因为早，我一路摸爬滚打摔了不少跟头，也因为早，我数度折腾而积累出投资中最具价值的长期实战经验，才有了今天跳出框框看淡市场起伏的平静肚量和心态。

1996年底我被派驻香港，有机会接触香港证券市场，尽管当时的心态还是“炒一把”，但我其时已开始学会小心行事，这一次我选择了自以为稳赚不赔的方式——打新股。记得当时买的是四川成渝高速公司 H 股，算上发行佣金，它的发行价是一块五毛多，不到一块六（港币）。没想到第一天上市就深幅跌破发行价。在深圳股市上，我从来没有见过有新股跌破发行价的事，绝对股价这么便宜的股票如果在深圳上市，第一天的表现应该是涨到天上去。如果说进入市场要交学费的话，这就是又一次交学费了。但这次从国际市场上买回来的宝贵财富让我终身受用：我认识到，股票绝对价格的高低与股票的贵贱没有任何关系。我相信，在今天的中国证券市场上，依然有不少参与者还不明白这个简单的道理。

那时我对香港证券市场并不十分了解，贸然出手后就遇到了亚洲金融风暴。正是在回归前后的香港，我见识了真正的资本市场，也得到了更深刻的教训。1998 年那种市场一开盘即跳空跌去千点的惊心动魄令我终身难忘，当时我感觉受此重创的香港市场似乎永远也涨不起来了，但后来的实际情况竟然是：不到两年时间，香港恒生指数在 1999 年底就又创出了亚洲金融风暴后的新高。

在再一次被亚洲金融风暴“打回原形”之后，我开始有意识地总结和积累经验教训，不服输的个性和爱学习的习惯让我很快从书中找到了继续投资的力量。1999 年初，我再一次认真研读早在 1991 年就在蛇口图书馆读过的彼得·林奇的《选股战略》（*One Upon Wall Street*）一书，找到了相见恨晚的感觉，受益终身。

“每个人都有炒股赚钱的脑力，但不是每个人都有这样的肚量。如果你动不动就闻风出逃，就不要碰股票。”彼得·林奇的话至今我依然记得很清楚。我庆幸自己年轻时已经早早“埋身”

于股市，尽管屡战屡败但从没有屈服放弃。终于在迟到的与投资大师林奇的精神邂逅里，找到了坚持下去的理由。可以说，如果没有这本明灯般著作的指引，我现在一定不是干“资金管理”这一行的。

误与悟

投资中，机会和风险无处不在。过错和错过都是让人扼腕的事。

2000 年之前 A 股涨幅巨大，但 B 股几乎一直未动，同一家上市公司的 A 股、B 股存在巨大价差。有好友告诉我，同股同权的应该买便宜的，但我未明就里，自然没有留下强烈的印象，也基本上没有重仓参与 B 股。等到 2001 年 B 股对内开放后，这位朋友全身而退，我发现他两次重仓买到了林奇所说的 tenbagger（能涨 10 倍的股票）的 B 股。错过 B 股这班车后我开始反思，机会其实一直在眼前，为什么我没有把握住？怎样的投资方法才是可复制的？如何才能保住投资战果？原始积累完成后如何才能够在 20 年甚至更长时间内让资产持续不断地增值？

正是从那个时候起，三十几年让资产稳定地翻了三千多倍的美国富豪沃伦·巴菲特进入了我的视野。我开始反复研究巴菲特的投资方法，通过认真阅读《巴菲特怎样选择成长股》这本书，发现巴菲特也好、林奇也好，他们成功投资的道理都非常简单：买未来有可能变得更大的优秀公司股票，只有它们的股价才可能有持续向上的原动力。

2000 年年中，中国股市随外围股市一起涨到了一个非理性的高度，市场平均市盈率达到 50 多倍。投资者很疯狂，互联网泡沫越来越大，甚至出现了用“市梦率”一词来评价传统方法没法评价的高高在上的股票估值，凭借早年积累的直觉经验，我感觉股市与 1993 年的 A 股市场和 1997 年的港股市场的情形十分相似。

于是，我选择了退出 A 股市场，结果幸运地逃离了互联网泡沫破灭后的全球股灾。现在回头看，我更愿意将这一次“胜利大逃亡”归因于“经验＋运气”。

也许，这就是慢吞吞的时间老人给我的馈赠。如今我参悟到的结论是：任何人如果能在 30 岁时拥有 70 岁老人的投资风险意识，那么股票市场就是一台提之不尽的提款机而不是赌场的老虎机。孔子“三十而立”的说法，可能指的就是 30 岁之后一定要对什么是风险有所感觉和领悟吧。

知与行

市场永远是公平的，它不管你投资水平的段位到了几级，好机会似乎永远都会不定期出现在大路中央，而陷阱也永远一次比一次更加诱人。

退出 A 股市场后，我重新回到已经熟悉的香港市场。这时我的心态已经转变，我的投资理念和哲学开始逐渐形成：投资需要精确，更需要模糊，要化繁为简、深入简出。投资需要常识与理性、需要耐心，需要定力，少即多，慢即快，等等。评估你准备配置的资产，确认买入卖出的估值区间，评估能承担的最大风险，严格保持理性和独立判断。除此之外，买入之后你要做唯一事情就是等待，等待时间来证明你的判断正确和收获财富成果。

2003 年是我投资生涯的重大转折之年，也是我应用自己形成的投资理念进行重仓实践的出道初年。互联网泡沫后，“9・11”事件、伊拉克战事，再加上“非典”的最后一击，恐慌弥漫的香港股市上到处是价格诱人的便宜股票，同股同权的 A 股、H 股之间出现了巨大价差，许多大型蓝筹股的 PE（市盈率）竟然都跌到了个位数，机会真是特别多。我再次好运地买到了“世纪大底”附近（香港恒生指数最低跌至 8 300 点）。这一役我不再只是赚点外快零花钱，投资收益俨然已经成为我唯一的“主营业务收入”。

我开始运用价值投资，选择非常优秀的公司买入后耐心持有，投资目标不再多元化，而是集中兵力打歼灭战，然后把精力集中在发现和挖掘新的投资机会上，不再去关注个股每日的涨涨跌跌，需要的仅是以足够的耐心和信心去等待收获时刻的到来。

自此以后，我的投资称得上是“走上正道”，我越做越有自信，越做越中规中矩。资金也如滚雪球般迅速增大，切实做到了低风险下的高回报，我终于尝到了这一基于价值选股投资法则的甜头。从 2000 年退出 A 股市场起，我从容地合上了市场涨跌的节奏。

2005 年，我重新回到一别五年的 A 股市场。这一年“五一”前夕启动的股权分置改革，等于让 A 股市场的整体 PE 迅速打了个 7 折，使 A 股市场出现了久违的估值“洼地”，部分股票的性价比开始比香港市场的更有吸引力。同年 7 月 21 日启动的人民币浮动汇率制等于为日后人民币升值预期对金融、地产股的影响埋下了金种子，我早在 2006 年初就研究清楚了这一蝴蝶效应的因果关系，并在同年底的博客上公开了观点。

这一次从一开始，我在 A 股市场就只买了两只当时没有人喜欢的“白马股”：招商银行和万科 A。2007 年 5 月，我又买入了中信证券。2006—2007 年是历史少有的大牛市，两年间我持股不动。同时，将注意力放在了阅读、研究宏观经济和跟踪个股以及研究其他市场的投资机会上。

在此期间，我潜心研究索罗斯的理论，尤其是对他的“测不准原理”和市场自强化理论，深为赞赏。我将它运用在国内市场，得出的结论是：如果绝大多数投资者对股票的高市盈率不是拒绝而是接受，并以为永远应该就是那样合理，那么市场就离新的平衡点被破坏的日子不远了。

2007 年 8 月，上证指数接近 5 000 点，我判断“市场离新的平衡点被破坏的日子可能不远了”，于是卖出了仅有的三只 A 股，分别获得了 1 000%、500%、100% 以上的投资回报。然后，我开车去新疆“闲晃”了二十多天。

几乎多年全胜的战绩总让人沾沾自喜，于是 2007 年底折让巨大的海通证券增发股成为我多年不败后的“滑铁卢”。全球金融危机让中国证券市场遭受重挫，2008 年底海通证券增发股可流通后的价格与一年前我买入的增发价比较几乎是腰斩，这一次牛尾甩中了我一小鞭，万幸的是我的仓位并不算高。“不是永远都不犯错误，而是勿犯致命的错误”也成了我现在常常唠叨的“投资学”老生常谈。

2008 年股市下跌到 2 700 点后，我在 A 股市场又找回了当年香港两次股灾后的市场感觉。我重新在大众恐慌情绪不断加重的 A 股市场满怀信心地进场买入，越跌越买，到 2 000 点左右重仓持有。这个过程中，市场仍在继续下跌。但我确信：好东西，那些低价卖掉它们的人，迟早会回头在更高价抢着再买回去。在本书出版时，这样的事情已经发生了。

从 2006 年到现在已有的四年多的股票投资全过程，在我的新浪博客上有完整的公开记录。当年用于自赏的日记现在已经成了人人可以读的博客，“评论”里的言论充分反映出当时市场的疯狂或恐惧情绪，它也成了我探测“市场先生”体温的最佳温度计。

可以说，正是对从彼得·林奇到巴菲特再到索罗斯等大师理论的认真研究和吸收，加上自己对内地与香港市场的理解和 18 年的投资实践，让我摸索出现在这条“以价值为准绳选择投资目标，从大众恐慌贪婪的反面去识别合适的买卖时机”的中国式价值投资之路渐行渐坦。

其实选择优秀的上市公司并不难，辨别买卖的时点也不难。难的是无惧重仓买进后市场继续下跌，难的是果断卖出而不怕错过市场可能继续上涨的获利机会，难的是持股期间有足够的耐心和定力，难的是战胜人性固有的弱点，难的是坚持做到知行合一。

无与有

在投资路上，我有幸在书中与彼得·林奇、巴菲特神交，有幸与索罗斯相遇并当面请教投资与投机的真谛。到现在这一刻，我慢慢厘清了自己从“无中生有”到“有中生无”的投资理念和模式。

从无中到有，我摸索了 18 年，形成了自己独特的证券市场盈利模式。

从有中生无，我在巴菲特、索罗斯等投资大师身上汲取营养，创造出“中国式价值投资”的新利器。

我用巴菲特复利滚雪球一样的方法获得了正道上的财富，我可以说有，但是对于无涯的天地和广袤的宇宙来说，我是微不足道的，可以说无。

我在钱生钱的游戏中破解了一些密码，但是人生更大的谜还在等待我去探索，在这个过程中我获得了生命的成长和精神的超越与尊严，这种快感远远超越了金钱的价值，从这个意义上来说，我也可以说有。

世上本没有路，走的人多了就成了路。

财富之路没有终点，连着历史和未来的这条财富大道上空，充满了貌似神秘莫测而无序的气场，但这个实际上有序而充满 power 的气场，对坚信价值投资的人们而言，是真实意义上的有，否则证券市场就仅是大多数人的虚与无。

千万次的问，答案藏在书中的每个角落里……

千山暮雪，只影向谁去？
2009年1月摄于南极

第一章

价值投资中国版

CHAPTER ONE

此心谁共证，笑看风吹树。
2008年10月摄于肯尼亚马赛马拉草原

沃伦·巴菲特被奉为价值投资最成功的实践者，在他的实践下，价值投资几乎已经被证明是超长时期内持续积累财富的唯一正途。有人将我的投资称为“复制巴菲特”，虽然我对巴菲特向来崇敬有加，但其实我从来没有要在中国也不可能在中国简单地复制巴菲特。

我既做价值投资，也做审时度势的投机。当我在 2007 年下半年卖出股票、幸运地避开了金融海啸并在 2008 年上证指数跌到 2 000 点左右完成一半建仓时，又有人称我为“中国的索罗斯”。而乔治·索罗斯被公认为大投机家，擅长抄底和狙击。

不是我的投资风向变了，不是“道”变了，是市场环境变了，是“形”变了。变是永恒，“与时俱进”才是上上策。

实际上，优秀的投机家也是优秀的投资家，索罗斯是如此，巴菲特也是如此。好的模式应该就像复印机一样，随时可以用来复制成功。但好的模式也需要融会贯通，需要

“中国版本”，才能为己所用。

准确把握好大的波动周期或者说市场趋势，严格选择估值合理甚至偏低的股票，这是我的操作策略，也是我结合中国的证券市场，并融会学习巴菲特和索罗斯的结果。

近 20 年的投资经历和数次交学费的教训告诉我，在中国做投资，“巴菲特＋索罗斯式”是可行的。这是我对中国证券市场的一直以来的判断，也直接从索罗斯本人那里得到了求证。我将它称为“中国式价值投资”。

1.1 A股市场自娱自乐

中国证券市场是一个仅仅20岁的年轻市场，相对于西方成熟市场来说，起点高、认识浅，无论是投资经验、投资理论还是投资心态，都需要时间来磨炼和成熟。因为年轻，仍然有相当一部分人（散户），对价值的认识，其投资估值标准，仍然停留在绝对价格的高低比较上，以为“绝对价格低的便宜，绝对价格高的昂贵”。也正是这一估值标准直接导致中国证券市场的平均估值区间较国际市场高出很多，波动幅度也较国际平均水平高出很多。估值高、波幅大、齐涨齐跌率高成为国内证券市场的显著特征。所以，2001年吴敬琏老先生将股市称为“赌场”，10年后，这一说法依然是部分成立的。

从人性的角度看，中国证券市场参与者也具备其他证券市场的特点，即参与者都喜欢赚quick money（快钱），喜欢炒概念。因为概念股股价可能短期内上涨很快，吸引眼球，有暴富效应。还有一个特点就是羊群效应，喜欢扎堆，没有独立思考和判断能力，只有扎堆才觉得安全。殊不知，此乃投资之大忌！

> 正是因为中国市场的这些独有特点，所以在中国谈价值投资，谈来谈去几乎是“对牛谈琴”。在中国实践价值投资理论，不能盲目地照葫芦画瓢。

常言道：爬得高摔得惨。国内市场在参与者盲目的狂热中被炒得异常地热，一旦市场回归理性，估值水平下跌的力度和速度也将异常震撼。如果盲目坚持长期持有，其回归过程将是异常痛苦和饱受煎熬的。在中国这个特殊的市场，必须结合其特点，理性制定适合国情的投资策略，身体力行大波动周期下的“低买高卖”，不仅可以避免坐“过山车”，还可以相应提高投资回报率。

从长远看，随着投资者的成熟理性，内地证券市场将以香港证券市场为参考系，最终与国际市场接轨。但是，A 股这个相对封闭的市场目前基本上还是中国人自己游戏其中。

行与不行的从众心理

从一副流传很广的对联中容易理解中国的证券市场。

说你行，你就行，不行也行。——2007 年涨穿 6 000 点，谁还在说泡沫大，就中国特别行啊，股价上涨动力特别足啊，A 股市场向上看万点。

说不行，就不行，行也不行。——2008 年跌穿 2 000 点，谁还敢想马上涨，全世界都不行啦，中国也难以独善其身，股价“跌跌不休”无尽头，重回 998 点也是有可能的。

行不行，是没有绝对标准的。就好像安徒生的童话故事《皇帝的新装》里，皇帝穿没穿衣服不重要，重要的是社会中的个体内心总渴望与社会大众保持一致，不敢独立思考，害怕与众不同：大家都说他穿了，他没有穿也相当于穿了（说他穿，他就穿，不穿也穿）。

这就是典型的从众心理和羊群效应。巴菲特在伯克希尔的年报中曾分享了这样的一个故事：一位石油勘探者死后原本可以住进天堂，但那里竟人满之患，根本挤不进去。他灵机一动，于是大声喊道："地狱里发现石油了！"天堂里住着的其他石油勘探者一听，便纷纷跑向地狱。这时，天堂终于空空如也，而那个石油勘探者却在想：莫非地狱里真有石油？于是，他也匆匆地向地狱走去。

对于这样的现象，索罗斯的理论是，市场自强化过程中形成反馈环：认识会改变现实，现实又反过来改变认识。所以，股票一开始是大众不信它会涨，但到后来却变成不信它不涨。参与者沉浸其中，如痴如醉，失去了独立的判断力。

成熟而理性的投资者则会根据这一准确的市场情绪指标，实施反向操作。在我的投资生涯中，利用这一反向指标，几乎没有出现过大的失误。

索罗斯还说，市场自强化的过程是很简单的，道理是很明显的。我们在理解这一点的时候，可以加上些中国特色。比如结合上面说的那副对联，就能充分理解了。

每到这样的时候，市场就特别需要安徒生童话中那个说真话的小孩。

垃圾与黄金的价格错位

缘于市场的特殊性，国内才会长期出现垃圾以黄金价格卖，黄金以垃圾价格卖的现象。

举个例子。

中远认购权证 CWB1 于 2008 年 2 月 26 日上市，以中远航运（600428，SH）为标的，最后交易日为 2009 年 8 月 18 日，行权日为 8 月 19—25 日，行权价 19.26 元，行权比例 1:1.01。从当时的 A 股市场来看，中远 CWB1 的正股中远航运要在 5 个交易日内从 11.71 元涨到行权价 19.26 元显然不太可能，这也就意味着投资者手中持有的 5 415 万份认购证不具备行权价值。

8 月 18 日，中远 CWB1 没有像多数退市品种那样，以跌停方式收盘，而是以 0.957 元的收盘价离场，该价格与当日跌停价 0.751 元仍有相当大的距离。

我认为这就是一个垃圾以黄金价格卖的活生生的案例。只有在沪深股市上，才可能有摆明是一张废纸也值 0.957 元的奇观。

因为人傻钱多，所以洛阳纸贵。

而在开放的市场里，高估值的东西早晚会跌下来，低估值的东西终究会涨上去。这是价值投资的精髓。

这一规律不会失效，但在 A 股市场上，效应却可能会严重滞后。高估值的东西被高估的时间周期，可能远比想象的长得多；低估值的东西被低估的时间周期，也可能远比想象的长得多。否则，谁不知道要避开高市盈率的股票？如果一买便赚，谁不知道去买便宜的蓝筹股？

同样，目前部分绩优股卖得比香港 H 股还便宜，必须充分理解这样的“怪异国情”才会见怪不怪，才会有足够的耐心等待这种现状在未来缓慢改变。

“二八现象”不奇怪

在香港，细价股（低价股）即使跌幅巨大也很少会上报章的头版头条，而在内地，三线股不涨反而会成为新闻，什么“二八现象”、“一九现象”，似乎一定要大家一起涨才正常。

如果每只股票都一起涨，我们还那么费心研究市场研究公司干什么？买指数基金就 OK 了。（其实只有指数基金长期上涨是最确定的事，这个话题以后再讲。）

股票齐涨齐跌是市场发展最初期的形态，只有在股票数量非常少时，股票齐涨齐跌才是正常的，如果现在股票还齐涨齐跌那就真不正常了。而短时间内，三线股涨、概念股涨而蓝筹股不涨很正常；短时间内，三线股不涨，概念股不涨而蓝筹股涨也很正常；长时间内，蓝筹股涨而三线股不涨、概念股不涨依然很正常。但是，请注意，长时间内，蓝筹股不涨而三线股涨、概念股涨就很反常了！

反常的事情总要回归正常，不同品质股票的股价分化肯定会取代齐涨齐跌。

至于低价股，在哪里都是毒品。因为好货不便宜，便宜没好货（指股票的绝对价格）。我一直认为便宜股票不是指价格低的股票，而是指价值低估的股票，但总有人不理会，总有不少人去香港买“便宜”股票，用外汇支付的学费看来更是不菲啊。

香港满街都是一两毛钱的股票，但它们一点都不便宜，跌起来更是一点也不含糊。这不是危言耸听，信不信由你，许多今天几元钱一股的股票，很可能几年后就是几角钱一股，或许更过分，变成几分钱一股。相反，好股票即使跌幅巨大，总会涨回来。

香港的今天，就是我们内地市场的明天。尤其是股指期货已经正式推出，未来中国证券市场的股价分化将更加成为常态。

尝试国际玩法

2009 年 11 月，我到新加坡参加第八届摩根士丹利亚太峰会时，最明显的感受是，中国已成为峰会中最受关注的元素。

譬如说，有关中国公司的资料是最厚的，因为它值得被推荐；中国公司的发言可以直接用中文讲，而会场专门为此配置了双语翻译（这是其他任何国家都没有的待遇）；甚至出现了纯 A 股公司的推介会，没有 H 股的宝钢（600019.SH）也在会上作了公司介绍。

这表明全球管理资金的人在经历金融危机后，都把目光和重心移向亚太地区，移到中国了。这也表明过去中国人关上门，自己与自己玩游戏的“封闭”年代即将结束。

全球的资金将涌向这里，不单是 A 股市场，也会进入香港的 H 股市场。未来各国之间的关系是“我中有你，你中有他，他中有我”，物理中的连通器规律一定会全方位发生作用。中国将成为全球投资者的乐园。

虽然我是个坚定的价值投资者，但面对全球资金的涌入和海外机构的打擂，我们不能完完全全或简简单单地复制巴菲特，比如像他一样选择某些颇具潜力的小型公司来投资，然后长期持有，一直等待。

让我们站在国际资金的角度来换位思考。试想，如果我们要投资某国市场，肯定会先阅读当地的研究报告，了解哪些股票是当地的优秀公司、大公司，并从中选出投资目标。同样，能向全球作推介的A股，绝对不是市值几亿元、几十亿元的小公司，而一定是像宝钢那样的大公司；未来的投资目标肯定不能偏离这些优秀大蓝筹。

选择优秀公司只是做对了一个方面。由于A股市场的波动特点，"随波逐流"也是借力制胜的另一个方法。

所以，我信奉价值投资，但在中国的土壤之上，价值投资者也必须审时度势、高瞻远瞩，并顺势而为。既要尝试国际玩法，更要立足本土规则。

1.2 学习巴菲特的灵魂

2006 — 2007 年的大牛市之中，投资者言必称价值投资，并浓缩为一句经典的“买入并持有”(Buy and Hold)。可是经过 2008 年的熊市之后，面对高达 70% 的下跌幅度，这一价值投资理念遭到了空前的挑战。

关键是，什么是价值投资？价值投资理论从来没有讲过蓝筹股不问价格什么时候都可以买入并长期持有。所以，价值投资在应用方面是必须有一些简单的技巧的，如果脱离了这些简单的技巧，单说蓝筹股、绩优股都值得投资，这样一句话是有缺陷的。

重新领会价值投资精华

国内很多自称价值投资者的投资人士，学习的其实是早期巴菲特的言行，但真正值得学习的，应该是现在的巴菲特。

老当益壮的巴菲特与时俱进，迅速纠正当年为避税而可能错失卖出良机的错误。他后来几次提到可口可乐（KO.NYSE），好像都有一点后悔，当年估值那么高了（1998 年该股股价近 90 美元，现价约 55 美元），为什么没有卖掉？

在中国石油股份（0857.HK）上，原来的“终身持有”演绎成更为成功的“低买高卖”。在 2007 年 7 月减持中石油，也证明了巴菲特从来没有说过永远不卖。股价高估的时候为什么不卖？而在当时，巴菲特的这一操作“失误”，被普遍认为是“廉颇老矣”。

我也正是在同一时间段内出清所持 A 股的，因为我觉得 5 000 点之上已经没有值得投资的品种了，超出了我的估值区间。于是给自己放假，远赴新疆。当年的 9 月 13 日之夜，我在塔克拉玛干沙漠中度过。仰视浩瀚银河，俯察沙漠起伏，顿觉市场涨跌、人生起落、寒暑冷暖、月缺月圆，皆同理也。

所以，如果说我们在中国的价值投资实践过程曾经犯错并将继续犯错，错的绝对不是价值投资的原则与准则在中国水土不服，而是我们在短短几年内并没有能够对价值投资原则有一个全面深刻的领悟和理解。

一个“终身持有”，引多少英雄折腰！

如何理解巴菲特的部分股票“终身持有”？先研究研究美国的税法与我国税法的重大差异吧！

武汉科技大学文法与经济学院的董登新教授撰文指出，根据美国税法的规定，股市投资的资本所得分为两种类型：长期资本所得与短期资本所得。

（1）短期资本所得，即持有期不超过 1 年的资本所得，按普通所得税税率计算，最高不超过 35%。也就是说，短期资本所得被视作普通所得，须缴纳个人所得税。2011 年，美国联邦税务局将会将短期资本所得税税率提高至 20%，并设定为统一比例税率。这一计划是在 2003 年做出的。

（2）长期资本所得，即持有期超过 1 年的资本所得，纳税人处在 10% 和 15% 两个普通所得税级的，按 5% 缴纳资本所得税；纳税人处在 25%、28%、33% 和 35% 四个普通所得税级的，均按 15% 缴纳资本所得税。

由此可见，不是万不得已，一般要尽可能满足长期资本所得税的条件。

巴菲特总倾向于不卖，甚至错过了一些好的卖出时机，是因为在美国股票卖出后要交一笔高昂的所得税，而我国是个人卖出股票所得税全免。区别十分重大！

所以，对“终身持有”这句话需要辩证地看。

学习巴菲特，是学习他的投资原理与灵魂，是学其神韵而不是其外形。另一位投资大师比尔·米勒说过，“低买高卖”是商业市场上积聚财富的普遍原则。中国的税制决定了投资者的交易成本较美国低得多，为什么不充分利用呢？

在好公司的估值被严重高估时，我一定会卖出。

选股选时皆重要

我的基本投资法就是四个字：“低买高卖”，如果再加以具体解释，就是 14 个字：“别人恐惧我贪婪，别人贪婪我恐惧”，这是巴菲特说出的最容易理解的两句话。

为了实现投资活动收益最大化的目标，选时选股同样重要。

巴菲特从来没有说不选时，那 14 个字就是他的选时心得。所以巴菲特在 2008 年 10 月左右，在美国呼吁民众买股票，但是大家认为他这是爱国，没有觉得他是在做一个选时情况下的买股。结果回头一看，那是一个最好的买入时机。同样，巴菲特在 2007 年下半年，包括我在当年 8 月卖出股票，也是应用了一些选时的原理，就是“别人贪婪我恐惧”。如果你能够严格做到这一点，这就是价值投资需要做的选时的工作，巴菲特已经无私地告诉了我们，我觉得应用起来也非常简单。因为这几个字，随便谁都能感受得到，是很简单的应用。

巴菲特所说的“0.4 元买 1 元价值”的买入原则，今时此刻的国内流通股市场上，有几个所谓的价值投资人在严格执行？全世界的聪明人都永远有“我们完全可以比巴菲特高出一筹”的想法。

知易行难。最近的两年牛市、一年熊市，让大家迅速知道了要真正拿自己的真金白银重仓去实践“别人恐惧我贪婪，别人贪婪我恐惧”何其难！

“听到知更鸟叫的时候，春天已经过去。”——等多数基金经理认为股市的艳阳春来了的时候，股市的春天又即将过去！

许多年前流传过一个段子。话说一位在证券营业部门前守自行车的大爷，如果看到停放的自行车越来越多，他就卖股票。如果看到停放的自行车没有了，门可罗雀，他就买股票。如此这般，这位大爷还真赚了不少钱。

你可千万别将这个段子当作玩笑，仔细咀嚼趣味无穷，它与巴菲特的“14 字经”异曲同工啊。炒股千万不要“宝马进去，自行车出来”，或者是将垃圾股终身持有，终于在长期被套后“炒股炒成股东”，这样做股东可是笑不出来的。

卡拉曼的声音

要是你觉得巴菲特“过气”了，那就听听《安全边际》的作者塞思·卡拉曼是怎么说的。在过去的 25 年里，塞思·卡拉曼所管理的基金年复合回报率为 20%，客户当初的 1 美元如今已经超过 95 美元。他与巴菲特有着同样的声音。

如果你今天想购买的某只股票永久损失的可能性很小，而五年内翻番的可能性很大的话，你应该着手去做。（我的批注：由于害怕 1664 点后再往下跌，许多“感觉到几年后才可能翻番”的股票谁愿意急着在 2009 年 2 月 27 日去买？）

有时候买得太早和犯错难以区分。（我的批注：左侧交易者买了就套，不是阿 Q 就是傻子！）

股票何时能从低估状态回归公允价值，无法预测。（我的批注：从 1 664 点开始涨得这么快这么凶谁预测到了？）

寻找价值而不是伟大的公司和伟大的管理层。（我的批注：这次金融危机后被过度批评的中国平安、人们不再喜欢的招商银行的价值一定是被低估了，因为股价大跌后优秀公司的股价一向会超跌。）

从本质上说，价值投资是逆向投资倾向与计算器的联姻。

购买大众喜欢的东西从长期来说一定会业绩不佳。（我的批注：招行，信不信由你，我就是在 2009 年 5 月底大众极不喜欢它的时候再一次出手买进。大家不喜欢它的原因仅仅是它的股价涨得慢，与公司优秀的基本面无关，但以前涨得慢不代表现在或以后也涨得慢。）

卡拉曼能长期赚钱，应用的最重要的法则就是“不输钱”。这段文字称得上是字字珠玑，如果与巴菲特的“第一不输钱，第二记住第一”对比领会，应该更有所得。

稳定压倒一切

上文提到的卡拉曼、巴菲特，他们的投资基本原理，与我国的基本政策“稳定压倒一切”其实不谋而合。

全球 200 多个国家，相当于 200 多个大大小小的公司，中国作为一个单一的大公司，这 30 年为什么能在经济领域中大比分胜出？认真思考一下这个问题，对价值投资者大有裨益。

我个人的一个简单观点，就是这 30 年国家的根本政策与价值投资的原则十分吻合。

“稳定压倒一切”，其实就是巴菲特“第一不输，第二记住第一”的另一种表述。“不求快，但求稳”的政策，贯穿在各届政府的政策精神核心中。“拖字诀，慢字诀，不作为”等官场文化正是价值投资“慢即快，少即多”的精确镜像。试想，如果外汇管制很早就完全放开，面对亚洲金融风暴我们怎么可能置身事外？如果融资融券早三年放行，这次全球金融危机下那些赌性十足的投机者可能幸免于难吗？

中国现在的许多有大问题的陈旧条规，不是不变化，而是悄悄地在不同时期进行不同程度修修补补的小变化，每隔十年的变化之大，任何人都不可能预先想象得到。“以静制动，以不变应万变”，对管理好一个国家与做价值投资同样适用。

这些变无踪化无影的套路，也与中国传统的太极何其相似，其中的精髓，只有拥有五千年文明的中国人可以理解并成功操作执行。

1.3 求教于索罗斯

中国的太极由最简单的黑白两色组成，但又不是绝对的分离，而是你中有我，我中有你。最白的部分也许已经进入黑的区域，最黑的部分也许已经进入白的区域。

投资与投机的关系何尝不是如此？跟投机大师近距离接触后，你会发现，其实他们并不像外界想象的那么神秘，他们也是遵循着一些很简单很基本的原理来投资的。

2009 年 6 月，我有幸在北京桂公府当面向乔治・索罗斯请教投资原理。在人们心目中，巴菲特是实践价值投资最成功的投资人，而索罗斯给人更多的是大投机家、金融大鳄的印象。然而细心研究，可以发现在他们貌似截然不同的投资风格背后，至少有两点是相似的。首要的一条是，异常关注安全边际，本金的安全永远是最重要的，不确定的投资机会宁可放过，不可以承担不必要的风险。其次，看准的机会要重仓下重注投资，这一点是获得高回报的必要条件。

三大法宝：安全、常识、专注

虽然索罗斯被称为投机家，但是他非常注重安全，身为犹太人的他从小就是这样。他的理念是：生存下来才能发展，安全是第一位的。

另一个法宝是常识。我在与索罗斯见面时，索罗斯亲口说出投资需要 common sense，翻译成中文就是指常识，要从常识出发，不能违背基本的常识。连翻译都不太愿意将 common sense 直译成常识，说明大多数投资者太不相信过于“简单”的常识了。其实很多投资者之所以投资失败，就是因为没有从基本的常识出发，比如一只基本面不佳的股票，明明市盈率很高了但仍然去买，就是一个例子。

专注，是第三个法宝。在与大师的对话中，索罗斯的中国朋友问他是否还记得以前来中国时候的事儿，索罗斯回答说：“我的脑袋里只有未来。”一个 79 岁的老人还在谈未来，他的脑子里没有与投资无关的事儿，非常专注。

你看，投机家索罗斯也非常重视价值投资人强调的四个字：安全、常识。这也是我与投机大师近距离接触后最受益的地方。

国内市场上研究巴菲特投资理念的有很多，而对索罗斯的研究相对较少，索罗斯的理论难度也比较大，不像巴菲特的理论那么易懂。实际上，索罗斯的风格在国内市场更具参考价值和实战意义。

索罗斯专注于对趋势、羊群效应等的研究。他认为，不管是一个趋势（无论是向上还是向下）的形成，还是羊群效应的发生，都不是轻易可以发生或者逆转的，所以必须保持足够的耐心等待和判断趋势的形成，趋势一旦形成，就必须下重注。

我当时向索罗斯请教了一个问题。

问：投机者持股的时间以多长为最佳?

答：从绝大多数人“不敢购买股票”的阶段买入并持有，一直延续至大多数人“不敢不购买股票”的阶段卖出为止。

其实，比尔·米勒这个价值投资者也讲逆向投资，他说，如果一笔投资，多数人都不认同，那这笔投资就正确了。

这些特点特别符合中国证券市场，也和我的投资风格很相近：把握大经济周期，看准了下重注。我很喜欢以一个大经济周期作为投资周期，但不同的是，我并非趋势性投资，而是经常在经济趋势形成前已开始逐渐开始投资，并非在趋势形成后开始投资，这也就是左侧交易，而非所谓右侧交易。左侧买入时点的选择完全是基于价值的判断，是价值投资风格的细微体现。

这些就是我的学习心得，都是投资的最基本原理，各位投资大师都讲得非常清楚，可是，很多投资人总是被贪婪和恐惧所蒙蔽，不敢也不肯认同这些道理，当然也就无法做到真正意义上的价值投资或者投机。

投资就是成功的投机

在证券市场做投资，习惯上被分为价值投资与趋势投机。由于中国的特色文化，人们总是认为价值投资是正道，趋势投机形象不好。其实这些都只是一种投资方式而已，不必分出高下和

“武林正宗”。

2007 年底价值投资已经休眠，市场进入投机阶段，热钱来势凶猛，但它的玩法很可能不会按价值投资的方式去进行。所以我后来基本上没有再谈价值投资，一直在讲成长投资，其实成长投资说白了就是趋势投机，再说白一点就是博弈式投机！

经历过国内市场的三次牛熊转换，经历过两次香港市场的牛熊转换，我不断地时而重仓满仓，时而轻仓空仓，如果我仅讲价值投资，那绝对是往自己脸上贴金。在中国，投资的年代现在可能才刚刚开始，但投机的旋律在全球自有证券市场起的 400 年间几乎从没间断过。

索罗斯在接受采访谈金融海啸时说，在投资和投机之间并无重大区别，唯一的不同就是，所谓投资就是成功的投机，因为假如你成功地预测到未来，你就能赚取投机利润。他说：“我绝非没有良知，但我为自己是一名成功的投机者而自豪。”

投资是“好孩子”，投机是“坏孩子”？其实投资和投机就是“孪生兄弟”。乐观情绪和悲观情绪之间的距离就是一天，下雨和晴天之间的间隔就是一分钟。

投资、投机都是对确定性可能如何影响未来的股价进行正确判断，然后投入足够的金钱的一场财富游戏。至于有人喜欢给价值投资“褒义”形象，给成长投机“贬义”形象，那都是我们的中国特色。

事实上，投机的本来含义与大众理解的含义有一些偏差，很多人将投机理解成了赌博。其实，短炒的人不是在投机，而

是在赌博。如果你将股市当赌场，过于频繁交易，天天“即时鲜”，那么你的财富肯定无法积聚，只能是镜中花，水中月。投机则是一项技术性非常强的工作，是在准确预测趋势的前提下进行的。

所以我们才对对冲基金没有好印象，所以我们才总是喜欢打价值旗、行投机事。（看看 2007 年 8 月以后的大蓝筹行情吧，其实就是不折不扣的投机行为。）

自有证券市场以来，投机从没有消失过，也没有趋于消失的迹象，正是有投机，有全球人对财富追求的这样一个迫切希望赚快钱的强烈欲望，才导致全球的经济几百年来不断地向前发展。

投机就是冒险，但没有冒险者下注的资金，就没有谷歌，没有微软，没有新浪，没有阿里巴巴，就没有我们国家的未来。

刚刚开始交易的创业板股票的成长特色也为庄家提供了足够多的“往上做”的借口，但我们不用害怕它，更不该一味抨击它，正是这些投机逐利的投机者，为我们国家以后的新经济提供了充足的资金，我们的冒险创业的年轻人才有未来。我不是为投机正名，而是为创业板说话。

成长投机有什么不好吗？投机的英文是 speculation，投机者是 speculator。原来的意思是站在烽火瞭望台上预先发现危险的人，并没有负面的色彩。

1.4 领悟价值投机

我不是在为投机“翻案”，而是强调要更加坚持价值投资，寻找并坚持适合自己和中国本土的价值投资。

现在我找到的方法就是“巴索组合拳”，以价值投资方法精选好股，用周期投机理论判断买卖时机。从巴菲特那里，我找到了“芝麻开门”的密码，而从索罗斯那里，我找到了卖出时点的玄机。

说回我的投资，我总结了九个字：不怕慢，不怕站，只怕退（还）。

不怕慢，我们有一个持续的目标，平均每年的收益率达到 20%，甚至 20% 以上。我觉得在中国市场，在未来的三五十年，在中国引领世界经济的大背景下做到 20% 以上的年平均回报率是有可能的。我个人非常有信心。但是，它显示出来的财富增速看起来很慢，所以我说不怕慢。

不怕站，在股市热闹的时候，不怕把股票彻底卖完，把钱存在定期存款里面，这个时候它是站着不动的，千万不要觉得人家跑得快，你跑得慢。2007 年底将现金存起来，你会发现这是一个很精明的做法，但实际上你要忍受不怕站，人家都在跑，上证指数从 5 000 点涨到 6 000 点，很多股票都在涨，而我在那时退出人人“奋勇向钱”的比赛傻等，等到了一年之后的 8 月以后再去买。结果大家还是觉得我站功不够，说还应该再忍一忍，所以要记住不怕站，要耐心等待，并且坚信一定会出现下一次机会。

最怕的是退或者还，一退一还，跌了 50% 后想再涨回原位要涨 100%。所以做投资的，最怕的就是连续赢的过程中有一个大的后退（比如在整体仓位上犯了致命的错误，财富整体缩水达 70% 之巨），如果这样的话，这个好多年辛辛苦苦滚大的雪球等于在曝晒之后迅速溶化掉了，必须再花更长的时间滚好多好多圈才能恢复到原来的规模。

慢即快，少即多，越不繁，越不凡。

投资就像七巧板，你永远不知道下一个能拼出怎样的奇妙图案，你也无法先知先觉地计算出每一笔投资之后的收益会有多么丰厚。但是我运用“巴索组合拳”，却能够做到低风险、高收益。就好像拼七巧板，小木板简简单单的组合，变化出大世界。

第二章

寻找更安全的股票

CHAPTER TWO

身无彩凤双飞翼，心有灵犀一点通。
2008年10月摄于肯尼亚纳库鲁湖

在第一章，我说在中国做投资，“巴菲特＋索罗斯式”是可行的。

巴菲特说的“第一不输，第二记住第一”绝不是文字游戏，而是他的投资规则。如何执行这条定理？做投资，先学不输，再学赢。

所以，从巴菲特那里，我们学会投资应该把安全排在第一位。而资金安全的一个前提是，学会选股。世界上没有最安全的股票，但投资者可以寻找更安全的股票，那些成长性良好的优秀公司，尤其是正处于低估值区间的，就是投资风险低、安全边际高的股票，值得大胆“贪婪”。

市盈率（PE）、市盈率相对增长比率（PEG）和市净率（PB）这三大基本的财务指标就能准确地评估股票正处于低估值区间还是高估值区间，从而制定买卖策略。一旦找到投资价值高、股价被低估的好公司，最好集中投资，等待收成，这其实也是降低风险的一种策略。

许多人以为风险低则收益低，风险高自然有高回报。其实，风险与收益的口号喊错了百年，“高风险，高回报”的观点根本站不住脚。他们有的因炒卖自己半点搞不清楚业务的题材股、中小盘股和创业板股票，有的则听信小道消息或者“内幕消息”，以为铤而走险就能发大财。这样的横财无异于毒药。

真正的投资，不是今天买明天卖，而是依据简单的公开的信息，全方位地去发掘价值，再创造价值。在正确的时间，做正确的事情。“时间到了”，水到渠成自然就会有高回报。这就是我所说的“低风险，高收益”。

而在正确的投资决策背后，依据的往往是简单而不复杂的常识。只是大多数人往往忽略常识。

虽然正确的前进方向从来都不是清晰可见的，但这对价值投资者来说也许是好事。否则，这条路早就人山人海，被挤得动弹不得了。

2.1 与优秀公司为伍

巴菲特曾说：“与伟大的公司为伍。”彼得·林奇则说：“不要买第二名的股票。”这就是我从大师们那里学到的选股第一招。

作为价值投资人，首要一条是选择好公司，远离垃圾股。因为我们没有能力去经营管理一家公司，所以要想办法找到一群优秀的人才，把资产在合适的价位托付给他们。这样，我就很省心，可以去旅游或干自己喜欢的事了。反之，如果一家公司的基本面很差，不值得我托付，我怎么可能把任何一分钱交给它？这就是我买绩优股的“原理”。

精心选择投资品种比生命都重要。盛水多少，取决于木桶最短的那块木板有多高；投资最终成功与否，道理亦然。

在20年前，选择好股可能非常困难。不过，近20年来，中国好公司的发展速度之快令人惊讶，单看公开的评选和颁奖，就知道投资者的挑选难度要小很多。选择优秀的上市公司并不难，许多时候用到的仅仅是常识。

打个比方。假如现在有“傻子瓜子”和“洽洽瓜子”两只股票要我选择，我不用查任何资料，肯定选择洽洽。为什么？因为“洽洽瓜子”在全国各地的超市天天都能看得见。

彼得·林奇说过，只要用心对股票做一点点研究，普通投资者也能成为股票投资专家，并且在选股方面的成绩能像华尔街专家一样出色。在工作、购物、参观展览、吃东西时多留意一下，或者多关注新出现的、有发展前途的行业，就能找到赚大钱的股票。这一套方法，连小学生都不难学会，唯独成人拒绝简单。

靠常识选股

投资绝对不是太复杂的事情。上小学时我们拥有比成人敏锐得多的观察力，对新鲜事物保持一种 open 的心态，能轻易感知世界的细微变化。成年后，我们反而对许多事情视而不见。

大多数的优秀公司，我们几乎每天都接触得到，比如房地产业的万科 A（000002.SZ）、通讯业的中兴通讯（000063.SZ）、电器零售的苏宁电器（002024.SZ）、乳制品业的蒙牛乳品（2319.HK）和伊利股份（600887.SH），等等。其实常识在投资中占有相当重要的地位，区分出阳关大道与羊肠小道完全不需要高深复杂的经济学知识。

比如 QQ 号，几乎每个学生都有，甚至还有不止一个号。中国网民只有 2.98 亿人，QQ 的活跃用户数却有 3.4 亿人，为什么不投资腾讯控股（700.HK）？ 2006 年初，腾讯的股价还不足 10 港元，至 2010 年初其股价已高见 176.5 港元。在 2008 年全球金融风暴后，亚洲区能创出历史新高的大市值股票，只此一只（见图 2.1）。

图 2.1 腾讯：四年回报高达 16 倍

世界本来是简单的，是我们在成年后把它搞复杂了。再举一个例子，1987 年成立于深圳的招商银行（600036.SH），是中国第一家完全由企业法人持股的股份制商业银行；从经营规模上看，它是国内最大的股份制商业银行之一，亦是金融零售市场上的领先者，其一卡通和一网通更是国内著名的金融产品。在《亚洲银行家》颁发的历年奖项中，招商银行曾三次获得“中国最佳零售银行”、五次获得“中国最佳股份制零售银行”奖。而且其业绩一直保持稳步增长。

观察表 2.1 和图 2.2，你能领悟到很多东西。

表 2.1 招行业绩稳步增长

	2004年	2005年	2006年	2007年	2008年
净利润（百万元）	3 276	3 749	6 794	15 243	21 077
同比增长率（%）	N/A	14.4	44.8	124.4	38.3
每股收益（元）	0.29	0.33	0.53	1.04	1.43

图 2.2 招行：两年获利 4 倍

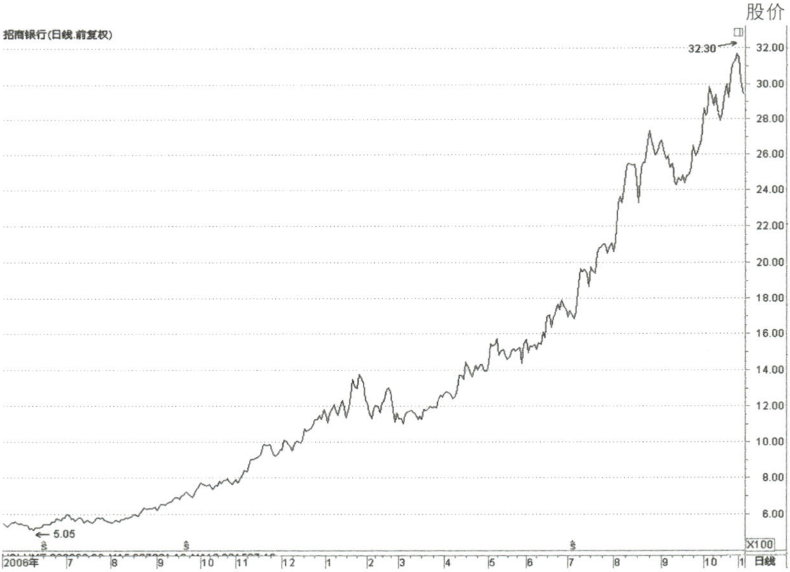

既然大家都知道招行是一家好公司，为什么不买入？甚至许多招行的员工都没有买进，只因太了解了，他们手中都拥有可看到“美女”细部的“放大镜”，对公司总有这样那样的不如意。岂不知，审视“美女”时，请勿用放大镜，更不能用显微镜。或者借用一句老话，叫“对别人马列主义，对自己自由主义。”

去上市公司调研，如果过度追究细节，就犹如“带着放大镜看美女”。其实，距离美是相当重要的，就连西子湖都是“山色空朦雨亦奇”的时候最可爱。

学投资，先学学简单的相对论，没有“最”字，只有“更”字。在放大镜下看世界，任谁都难合格。找完美无缺的公司，地球上没有，去天堂吧！

投资，就是在矮子里挑高个子。我是在 2006 年初买入招行的，那时候人人嫌贵不买，但我买。买入之前我根本没有去设想高回报，只认为如果 3 年以后股价能翻一倍，就很满意了。结果，招行的股价由 2006 年的 7 元左右一路攀升，让我在不到两年的时间内获利 4 倍。

买入前先问三个问题

不过，仅仅凭借常识还不能战胜市场。为什么?

以前我讲过一个故事：话说 2001 年年中，国有股萌发减持冲动。一位仅有小学文化水平的母亲，对其大学毕业的儿子说：“国家都不要的东西，你还留着它干什么?”那时候，如果聪明的儿子对妈妈朴实的思想多一份尊重，接下来的四年熊市便可能幸运地避开了。

到了 2008 年第四季度，那位妈妈又对儿子说：“既然现在国家控股的汇金公司都在买进股票，那为什么我们还不买?”

那时候，股票价格虽然便宜，但同时伴随着铺天盖地的对经济萧条与衰退的恐怖预期，仅仅凭借常识谁敢入市？要战胜市场，投资者还需要足够的眼光与胆识，去克服人性中的莫名恐惧。

所以说，我觉得要学巴菲特，学习“终身持有”只能算是第二课，首先需要第一课是“戒贪”。当大家都迫不及待地投身股市，是贪婪的时候还是恐惧的时候？

或许，人人都知道要选择“伟大的公司”来投资。这是常识。但如何选择未来伟大的企业，才考验投资者的真功夫。

买入股票前，先要问自己三个问题。第一，闭上眼睛想一想，这家公司在 10 年、20 年后还在不在？有些上市公司的名字已经换了 5 次，这还算幸运的，虽然不断重组折腾但股票还在。好多曾经很有名的老公司早就没有了，连股票代码在行情板中都不存在了。

第二，再想一想未来几年，这家公司的盈利水平能不能继续增长？如果可以明显地看出未来几年的业绩都要往下走，即使公司现在状况不错，我也不会出手买，甚至会考虑卖。

第三个问题，就是要关注公司的规模，看看公司有没有良好的机制和管理系统。以小公司来说，即使领导人非常优秀，但他一旦发生意外，也会对公司造成非常大的影响。所以对小公司的判断比较复杂，不亲自去调研，而仅仅看研究报告是不可能出重手买进的。

垃圾股是毒品

资本的核心价值体现在：只有通过投资绩优股来创造价值，

最终才有意义；其他市场上的大多数买卖行为，均可以理解为击鼓传花的游戏。

早年入市时，我在垃圾股上也赚过不少快钱，但最后还是在上面亏了大钱，以“快最终是慢”画上句号。现在看来，牛市中频繁买卖股票几近纯粹的赌博，自己当初那种勤奋赚钱的方法何其可笑，“曾经的成功”只是牛市中人人均具备的好运气而已。

自从我学会运用正确的投资方法后，就基本没有赚过垃圾股的钱了。只有创造价值的优秀公司，才值得重仓投资。就算2006年股改（股权分置改革）的题材满天飞，我基本上也没有参与，而选择静待绩优股被市场认同的时刻到来。我一直重仓坚持与优秀的公司一起成长，通过创造价值赚钱，而不是赚垃圾股股东间负和博弈的钱。

正如上文所言，持续的经营能力，是优秀企业最重要的标志；出色的团队，是重要表现；良好的公司治理结构，是重要指针。这就是买入前问自己三个问题所需要寻找的答案。

一直以来，我都认为万科、招行、平安（601318.SH）符合以上标准。不管我是否继续持有或已经卖掉这几只股票，但无疑都是国内优秀的上市公司。与许多公司不一样，它们已经不是“人治”的公司，就算没有王石，没有马蔚华，没有马明哲，它们照样会经营得很好。

我说它们优秀，绝对不是说万科、招行、平安的股价不会下跌，或者不会大跌。但是，它们不会因为股价下跌就变得不优秀，也不会因为一时闪失而变得不优秀。绩优股的中短期波动也许一点儿都不小，但它们的股价下跌以后，五年也好、八年也罢，反正迟早会涨回来。中长期回头看，其股价涨幅将十分巨大。

好公司有股价被高估的日子，也可能有一段被低估的日子。世界上没有优秀到只涨不跌的股票，以前没有，现在没有，将来一定也没有。要投资，就要面对股价下跌与市场低迷低估的可能性。

眼光放长远

相反，垃圾股的中短期波动十分大，但中长期回头看一定是涨幅很小或者跌幅巨大。而且垃圾股大跌以后，便可能再也起不来了。当然，差劣的股票其后也可能投机性地再涨，但概率是 0.5。套在垃圾股里等涨，与希望在赌场赢钱的本质相似。

绩优股往往是大众不喜欢的白马；垃圾股却是人人希望骑上的黑马。为什么投资者一般都不愿意买绩优股？

可能是绩优股的绝对股价太贵，投资者感到难以下手；而垃圾股“便宜”，一是认为它们距离曾经的历史高位还很远，另一个是它的绝对股价低，少量资本便可以买进很多（全流通后，其股价最终会愈来愈低）。这些都是十分常见的买股误区。

我想强调的是，股价低并不代表风险低。“好货不便宜”。2006 年我买万科 A 和招行的时候，它们的价格都创出了历史新高。有些股票我却永远不会买，无论跌到多低，它们还是垃圾。

中国绝大多数的股票，自上市以来就没有一天便宜过。这是中国证券市场的悲哀。

投资者不愿意买绩优股，也可能是因为好公司往往没有动人的故事，没有可炒作的题材，如白开水般平淡，短期内股价难见上涨的希望；垃圾股却有吸引人的概念，如摇头丸般让人上瘾。

区别就是这么简单。

虽然不少人都明白什么叫好公司，但大多数人只做短期趋势判断，考虑未来三五天或者一两个月，自己购买的股票能否迅速上涨后获利。多数人天天都在研究这些。

其实投资需要远大的目光，找出未来的“伟大企业”。谁能看得更远，谁便赚得更多。至于明天的市场到底是涨还是跌，天晓得！

2.2 估值是决定因素

选股要选好公司，但不是所有优秀企业都值得投资。因为好公司即使是黄金，也不应用比黄金贵的价钱来买；同样道理，如果是黄金般的好公司，恰有人愿意出铂金的价格来买，我也一定会卖。

2006 年初接受媒体采访时，我说招商银行是可以“抓一辈子的股票”，但不到两年时间，我就卖出了。并不是我出尔反尔。当初买入招行时，我的确觉得这家公司绝对安全，可以持有一辈子；但其后它的股价涨得飞快，已经提前消耗了它的未来价值，把“半辈子”的涨幅都迅速涨完了，于是我只好选择卖出。

所有东西都必须以价值为基础来判断。有的公司好是好，但股价长期明显偏高，投资者必须耐心等待其估值理性回归；尤其千万不可逢高追涨一些增长可能放缓的公司。

当好公司遭遇重大利空或者一连串利空打击，股价出现超跌，甚至暴跌至久违的低估值区间时，绝对是最佳的买入良机。

观察过去两年，全球跌得最惨的股票中，花旗集团（C.NYSE）肯定是其中一只（见图 2.3）。2007 年上半年，花旗的股价高逾 55 美元，到了 2009 年 3 月其股价却跌至 1 美元左右，连带拖累了其他金融股的表现。可是，跌了甚至跌惨了就不是花旗了吗？

2009 年第四季度，全球的投资界巨头包括巴菲特、索罗斯，以及保尔森都在增持美国金融股，巴菲特旗下的伯克希尔大幅增持富国银行，后两者则一起重仓花旗。看来花旗还是那个受行家喜爱的花旗啊！

图 2.3 花旗：两年跌幅高达 98%

不是偏高就是偏低

要从貌似十分复杂的市场中，发现哪些公司的股价被高估或是被低估了，以及判断在什么价格出手最合适，关键就在于如何判断公司的估值。

我关注的财务指标主要有三个。首先是市盈率（PE）。总有朋友问我，什么样的市盈率水平才合适？答曰：市盈率不是过高偏高，就是过低偏低，没有合适的。

$$市盈率(PE)=\frac{股价}{每股收益}$$

英国天文物理学博士约翰·葛瑞本说过：平衡本身没有太大意义，一个生物体最接近平衡状态的时刻是死亡。正常的钟摆运动中，钟摆不是向左就是向右。如果一直在“合适”的中间，那只有一种情况——钟坏了，钟摆停了。

自从我将投资作为职业，经过十几年的“职场生涯”以后，我对于公司估值的高低形成了自己的判断。“合适”的市盈率，可能是在某年中的一瞬间，股价从高变低或从低变高时所经过的那个区间，但资产价格从来不会在那里停留太久。

巴菲特说过一句话：特别贵和特别便宜的时候，可以分辨清楚；如果不贵也不便宜的时候，就无法分辨了。“合适”的市盈率可能一眨眼就会过去，市盈率偏高或偏低却很容易判断。股票都有一个历史上的平均市盈率，跌到历史最低点时，这时的股价一定是相对便宜的。而当平均市盈率高达 50 倍左右时，就是非常高了，例如 2007 年的金融、地产股，到达了我设定的卖出时点。

市场自有精确规律

那时候上证指数在 6 000 点附近，平均市盈率高达 50 多倍，我们明明知道市场偏高，股票都太贵了，但大家的情绪都乐观地看到了 8 000 点甚至 10 000 点。众多投资者无惧泡沫，蜂拥进入股市。

等到上证指数回落至 2 000 点以下，平均市盈率仅约 13 倍左右的时候，我们明明知道市场偏低，部分股票开始便宜了，大家的情绪却悲观地看到了 1 200 点甚至 1 000 点。然后，指数涨到 3 000 点左右，市场平均市盈率为 20 多倍时，又有许多“聪明人”表示现在的泡沫很大了。

这些情绪是不可靠的。市场自身会有很精确的规律，就是市盈率离中轴线太远，它就一定会向中轴线靠近。虽然没有完全相同的变化，但历史是一个曲面反光镜，一定能反射出未来的一些影子，即使是相似而不是绝对相同的。

时光不可能倒流，谁都不知道也不可能知道股市的底与顶在哪里。2008 年 8 月趁低入市时，我也不敢说市场到底了，我只是在个人认为未来很多年中的一个便宜区间买进。

由于低估值被低估的时间周期可能远比想象的长得多，因此在低估值区间买了绩优股，依然有可能再被套 20% ～ 30%，但这不代表投资水平低。正如高估值被高估的时间周期也可能远比想象的长得多，在严重高估的区间买入垃圾股和概念股，就算一买就赚，也只是运气好而已，绝对不代表投资水平高。

但我坚信，高估值的迟早会跌下来，低估值的迟早会涨上去。如果投资者真正能做到在低市盈率区间买，然后在高市盈率区间卖，可能每次买卖都是对的。只是回头看，一切都过去得太快，兴奋过去得太快，恐惧同样过去得太快。否则谁不知道目前哪只股票的市盈率较低？谁不知道要回避高市盈率的股票？

PEG，我的秘密武器

除市盈率之外，另一个我常用的财务指标是市盈率相对增长比率（PEG），它不是技术分析，也不是什么高深的东西，而是小学算术。

PEG由彼得·林奇发明，是在市盈率估值的基础上发展起来的基本分析指标，用于弥补市盈率对企业动态成长性估计的不足。从某种意义上说，PEG甚至比市盈率更重要。

我将PEG视为衡量股价是否合适的秘密武器，希望大家用起来也得心应手。PEG为何如此重要？为什么我说PEG<1就是风险小？

$$\text{市盈率相对增长比率（PEG）}=\frac{\text{市盈率}}{\text{利润增长率}}\times 100\%$$

假设在第一年，投资者买入某上市公司的股票时，其股价为10元，每股收益增长100%至0.1元，即市盈率是100倍，PEG是1倍。

如果该公司的利润在未来几年都以100%的速度增长。那么，第二年即使股价没涨，但每股收益翻倍至0.2元，即市盈率为50倍，PEG是0.5倍。到第三年，股价还是没涨，每股收益增加至0.4元，即市盈率下降至25倍，PEG是0.25倍。

依此类推，如果股价一直不涨，那么第四年的市盈率就是12.5倍，PEG是0.125倍；第五年的市盈率更只有6.25倍，PEG则为0.062 5倍了。不过，这样高增长的企业，股价在未来几年能不涨吗？就是大盘崩盘，我也能赚钱啊！

问题是，这家企业是否每年都能实现 100% 的增长率？如此百分之百的成长速度又能持续多少年？这个就很难预测了。

准确预测，左侧交易

PEG 虽然只比 PE 多了一个 G（growth），但利润增长率里包含了一个预测。这个利润增长预测，没有人知道实际是多少，就算这家公司的董事长和总经理也不知道。所以，投资者必须对企业未来的盈利增长有自己的基本判断，必须估算出一个大概的数值。

投资是模糊数学的一门分支学科，这是必须精确认识的事实。投资能赚大钱，完全是因为投资者买中了一个最接近准确的未来。只有预测的大方向正确，并且从容提早介入，做左侧交易者，才能分享企业成长期带来的丰厚回报，而不是做追高的右侧交易者。

应用 PEG 这个财务指标，我建议投资者先对企业的历史有充分的了解，以及对其未来有一个理性的展望，然后再以长期平滑后的利润增长率来计算。不能因为企业在某一年的盈利增长达百分之百，就说其市盈率达 50 倍、80 倍、100 倍都不贵。这就是误读误用、大错特错了。

比如说，在 2007 年下半年，所有地产股的业绩都翻倍，连超大型银行都取得了 50% ～ 80% 的盈利增长，创出历史新高，超过所有时期的平均值。那时候，投资者若单以这一年的利润增长率来计算 PEG，用来给自己壮胆，这个胆最终会被吓破。大市暴跌时，可能跌到胆汁渗出，苦不堪言。

反过来说，在市场低迷的时候，PEG却能为投资者寻找到机会。2002年互联网股泡沫破灭后，我就在香港做了IT行业的投资（股票一直持有到今天）。根据当时的资料，我所投资的这类科技行业，部分龙头企业的股票利润年增长率达到30%，几乎是板上钉钉的事实。不过，香港市场当时因为受互联网股泡沫爆破影响，相关股票的价格都大幅下跌。后来的事实证明，这些公司的业绩平均增长都超过了预期中的30%，股价也随之上涨了3～5倍。

来看金蝶国际（268.HK）的例子，表2.2列示了金蝶国际的历年业绩。

2000年在香港上市时，金蝶国际的股价跌至0.8元（港币）以下，2007年则创出8元（港币）的高位，至2010年3月底，股价更上一层楼（因股票已经一拆四，3月底股价3.03港元，已相当于拆细前的12.12港元，并且未计多年的现金分红）。

表2.2 金蝶国际历年业绩

以人民币计算

	2001年	2002年	2003年	2004年	2005年	2006年	2007年	2008年
每股收益（元）	0.017 5	0.022 5	0.032 5	0.03	0.04	0.055	0.075	0.095 8
同比增长率（%）	N/A	28.57	44.44	-7.7	33.33	27.23	26.67	21.71

利润增长，推动股价

不是所有成长股都值得买。高成长期快过去的股票，其

PEG 一般都不是很高，看起来股价十分诱人，但看 PEG 不能只看一两年的时间，而要看更长的时间段（例如 5 至 10 年）来判断。

投资者如能找到一家实实在在的高成长公司，在未来几年的利润年平均增长率达到 60%，那么就算以 30 倍、40 倍的市盈率买入，PEG 亦不过 0.5 ～ 0.67 倍，风险较低。

在目前的中国证券市场中，要找出一些在未来几年盈利有保障、盈利有增长、PEG 低于 1 倍的成长性公司，难度甚高。不过，业绩的持续成长可不断降低估值水平，从而推动股价与市场平均估值保持一致，进而导致股价上涨。所以龙头企业的 PEG 即使在 1 ～ 1.5 倍附近，相对来说股价也不算特别高。

如果两只股票的 PEG 水平一样，那么一定是高 PE 的更值得买。因为低 PEG、高 PE 的股价特性不是代表风险大，而是代表企业的盈利增速快。换言之，投资者赚钱也自然快了。

至于低 PEG、低 PE 的股票，通常都是成长性不高的“保守型”投资。所谓的“低风险，低回报”大概就是这种投资，永远都赚不到大钱，但保守可以让你不输钱。

这就是我的投资心得。

耐心等待收成

第三个财务指标就是市净率（PB）。一家公司经营的业绩愈好，其资产累积就愈多，股东拥有的权益就愈高；所以市净率愈低，风险便愈低，投资价值愈高。

$$\text{市净率（PB）} = \frac{\text{股价}}{\text{每股净资产}}$$

市净率是评估金融资产的重要指标，特别适用于银行及保险股的估值。许多投资者都知道，对金融板块的估值一般都在2倍市净率以下。不过，2002年10月，汇丰控股（0005.HK）斥资6亿美元买入平安保险10%的股权（国家规定，外资持有中国的金融公司股权不能超过其总股本的20%，如果可以突破这一上限，汇丰一定会多买），汇丰的出价相当于以4倍市净率为参考估值。

这算是低风险还是高风险？汇丰当年在平安尚股票未全流通的情况下，买下这么“昂贵”的金融公司，而且一出手就是6亿美元，怎么看都是高风险的投资行为。时至今日，这笔生意却让汇丰稳稳地赚了上百亿元人民币。

由此观之，投资的确需要极大的耐心；没有耐心的人，是不可能分享到好公司最终为投资者创造的财富的。平安当初的“卖价”虽然高，但其业务发展及盈利增长的速度，却让投资者扭转逆势，修成正果。

总的来说，投资就是在PE、PEG、PB等数字中转圈，不是单看某一个指标的高低，而是综观三者的关系，以决定投资价值，评估风险。这些简单的数字，不会将人们的头脑转晕，但贪婪或恐惧往往会摧毁理智的长城，使投资者对未来做出非理性的判断。

2.3 集中投资下重注

除了发掘被低估的优秀公司之外，要做到“低风险，高回报”，我的“巴索组合拳”还有一个操作技巧，就是集中投资。

巴菲特在 1996 年的伯克希尔年会上曾说：“我们认为目前基金界流行的多元化组合投资是无知的借口。”同样的话，国泰君安的投资策略分析师莫言钧也说过：“组合投资理论是 20 世纪最大的骗局。”于我心有戚戚焉。

支持组合投资的论者常说，不要将所有鸡蛋放在一个篮子里。这是我最反对的一句话。哪个去赶集卖鸡蛋的人，会将鸡蛋放在不同的篮子里？这句话明显不合乎常识。

我认为组合投资只能平滑投资者的收益波动曲线，钝化他们对风险的感觉，并不能像宣称的那样能减少投资风险，增加收益。在一个投资组合中，这只股票涨，那只股票跌，让投资者觉得资产值不会马上大跌而减少些痛苦，让下跌变得缓慢一些；但是买什么股票会涨，不是组合投资理论可以告诉我们的。假如投资组合中都是一些业绩不好的股票，还不如集中持有几只甚至一只绩优股。所以，组合投资可以战胜市场的说法，纯粹是胡说八道。

对于企业来说，多元化往往是成功的极大障碍。多数成功的企业，都是经营单一业务的。比如万科，早年也曾多元化经营，但后来致力于做减法，将赚钱不赚钱的其他业务都“关、停、并、转”，专心主业房地产，最终才成为上市房企中最优秀的公司之一。

投资也一样，要想赚大钱，必须在单一品种上下重注，这才是跑赢指数的唯一方法。小额的投资与赌博就运气相仿，可以作为开胃小食，但绝不能当正餐。

做个股藏家

有人可能会反驳说，彼得·林奇也买了许多股票，他取得的投资收益，十多年来也非常优异。然而，为什么他做得成功，却要早早退休？我的答案是，买太多股票，或挑选出太多好股票所需要的精力不是常人所能具备的，所以他可能实际上是累得不得不早早退休了。

彼得·林奇是我早年开始学习正确投资的启蒙老师，我从他那里学会投资要选好的公司，要用常识选股。这些让我受益至今。但我觉得，如果时间再长一些，像彼得·林奇那样做能否持续创造辉煌，也可能是一个问题。人一生的精力其实是非常有限的，在一个相对小的空间里做到优秀，比在一个很大的空间里做到优秀要容易得多。我们完全没有必要避简趋繁，做超出人生负荷的事情。

最初进入市场的时候，我也喜欢频繁换股。买股票后涨了就高兴，急忙套现追涨，去买另外看起来很美的股票。结果证明，试图踏准节奏不断锦上添花与黄粱一梦无异，想用这样的方式去赚钱，比去澳门赌场赚钱都难。

而我现在变成了证券营业部最不受欢迎的人之一，有人戏称我是“股藏家”。其实我只是尽量挑选价值增长型公司，然后集中资金“下注”，之后就耐心等待该公司长大。“选择优秀公司下重注”是我控制风险的独门秘器。

2005 — 2006 年间，我只买了招行和万科 A，甚至高调戏称自己是“招行、万科的庄”。2007 年，我只用新增加的管理资金，重仓买入中信证券（600030.SH）一只股票。2008 年下半年以来，我只公开点名评论过一家公司，就是中国平安，说“40 元以下的平安可以买”。我的注意力基本上都集中在为数不多的优秀公司上，对其他短期涨得“快又多”的股票，七八年前我就学会“横眉冷对”了。

买入那些优秀公司的股票后，即可见股价飞涨吗？非也。事实上，这些股票我都是“即买即套”。不过，“守得云开见月明”，事实证明，我的耐心加信心，让我在极低风险下获得了极高回报。

波动绝非风险

集中投资，是我坚定执行多年的投资理念。集中投资其实是在做专业化的叠加，而只有专业化叠加这样的“多元化”，才能长期成功。我每次只买几只股票，说明我对这些投资品种有信心，对它们的增长前景了解得很明白。反之，很多人买很多只股票，实际上是没有信心的表现。

为什么大多数人不喜欢集中投资的风格？我觉得，可能是集中投资的“高风险”外表，让人对其望而却步。

因为集中投资的组合比广泛分散的组合波动剧烈得多，具有“高 β（贝塔系数）”的特点。而常见的评估风险的结论，通常都说“高 β”就是高风险。我觉得这个风险评估的定义，与“重物如铁球从空中掉下地，比轻物如羽毛从空中掉下地的时间短”这个错误的物理“常识”有一拼。

在价值投资者的眼中，波动绝对不是风险。

持续多年为投资人创造价值的美国基金经理布鲁斯·博克维茨（Fairholme 基金创始人）曾经说过，只要最终能到达目的地，我并不介意旅途的颠簸。而博克维茨的投资风格，就是集中投资与低换手率。

有人出行喜欢坐轿车，平平稳稳到达目的地。但我喜欢越野车，虽然旅途颠簸，但我并不介意，只要能顺利到达目的地，沿途我还可欣赏到“不一样的风景”。

仓位的秘密

不过，需要澄清的是，集中投资与满仓操作，其实是两个不同的概念。

我的解释，还是围绕巴菲特来展开吧。巴菲特很少做波段操作，对于真正好的股票，他都倾向于长期持有，如华盛顿邮报他便持有超过 30 年。

最有意思的是，如果巴菲特从一开始就满仓买进华盛顿邮报，那么他一辈子的投资，就集中得无法想象了。不过，仅靠华盛顿邮报的分红，却无法让他再重仓买进任何其他股票，如可口可乐、吉列、运通、富国银行等。虽然他几只重仓股的投资时间并不在同一年，但恰恰正是那些股票为他赚了大钱！

由此我发现了一个惊人的秘密：巴菲特几乎任何时候都没有满仓过！他就算看好一只股票，也不会满仓买进；涨起来也很少加仓。这是我的推理，并没认真去查证过。希望喜欢研究的朋友可以帮我验证一下这个推论是否正确。

如果真如我所言，巴菲特的投资回报率其实被摊低了，于是才取得仅仅 24% 的年复合增长率。因为如果满仓买入，涨几倍后卖掉，又再满仓投资，他一定可以赚更多；但这可能成为现实吗？实际上，巴菲特从没有满仓过，甚至可能常常轻仓。

他只是拿着部分现金，耐心地等下一班车，一等就是好多年，甚至还有漏掉大牛市的时候（1969 — 1973 年）！一个如此“不善投资”的老巴，竟然能被冠以“股神”的头衔！

根据巴菲特的传记，他在 1986 年买下大都会美国广播公司以后，整整三年没买过任何一只股票（不包括套利活动和秘密的小额买进）。直至 1988 年，巴菲特看中可口可乐才大笔买进，成为他最成功的一笔投资。

过去我在牛市中也常常没有满仓，故在市场低迷的时期总有资金，可以满怀信心地进场。比如说，我在 2008 年 8 月之后重新入市，直到 2 000 点才完成建仓任务，也只是建了一半仓。大家可以将之理解为“复制巴菲特”的行为，但从不满仓，让我永远保存实力可抓住下一个出现在面前的机会。

相信这么说大家就明白了：下一班地铁一定很快就会来的，何必挤一班已经很满、很挤的车呢？这是不是跟中国人多有关系，大家总想先挤上车再说？

2.4 不熟不了解不投资

寻找被低估的股票，然后集中投资，重注买下去等收成。巴菲特就是这么做的。

巴菲特5岁时第一次喝可口可乐，其后的50年间，他一直在观察可口可乐公司的成长，却一直没有买进它的股票。到1986年他正式宣布可口可乐生产的樱桃可乐成为伯克希尔股东年会上的指定饮料时，仍然未买进一股。

直到1987年股灾过后的第二年，巴菲特才开始买入可口可乐公司的股票，但买入后不久股价仍下滑了30%。1989年，巴菲特更大手笔增持可口可乐，并公开承认持有63%的股份。巴菲特喜欢喝可乐，喜欢可口可乐公司的产品，而且了解该公司的特性已经几十年了。

这是前文所说的常识，但从另一个角度说，也就是不熟悉的行业绝不投资、了解不透彻的公司绝不投资、高风险的项目绝不投资，这是我的“三不”投资原则。

新科技未必是福音

比如比亚迪（1211.HK），我十多年前就知道它非常好。在2006年反驳《深圳，你将谁抛弃？》一文的观点时，我曾说比亚迪是全球杰出的电池供货商、民族汽车行业中的后起之秀。

这家公司原来生产电池，后来转造汽车而令股价大跌，但其赚钱模式我仍然没看明白。我看过很多研究报告，都说环保车是好东西，但生产成本如何降低呢？很多新科技对人类来说是福音，对投资者来说却未必。目前比亚迪仅卖出了少量环保车，但想改变人的生活方式很难，尤其在内地更难。

况且全世界那么多公司都在做环保车，最后赚钱的会是谁？谁敢说一定是比亚迪？ 像丰田研究生产环保车多年，难道丰田就比不过比亚迪？

虽然2010年3月发生了“丰田召回门”事件，但丰田始终是日本市值最大的上市公司，也是全球汽车产量第一的汽车企业（美国通用、克莱斯勒合并前），更是全球制造业中最赚钱的企业。要不是丰田出品的汽车性价比优异，哪可能在世界各地卖出那么多辆汽车？哪可能坐上日本上市公司第一市值的宝座？我想不明白其中的原因。

正如投资者如果能早期买入微软、戴尔、亚马逊等美国网络股，回报当然很不错，但这比中六合彩都难。反之，不熟悉、不了解的高风险项目就不投资，这样便不会损失一分钱。所以我还是坚定一条：不熟不做。

谋定而后动

我只投资自己相信是正确的几只股票，如此足矣。

控制风险的最佳办法，就是研究透彻，确定自己深刻了解和明白投资对象的价值，而不是看股票的表面光鲜，或者是不是受市场追捧。

只有好股票才有足够的安全边际，能保证投资者坐上的只是刺激的越野车，而不是长期的过山车，或者起落架坏了的飞机。

只要坚信企业未来的盈利水平和成长性未变，即使遇上短期变化，比如被套住 20% 甚至 30%，也不会因为睡不着觉而卖掉“止损”。我现在已经很少做“斩仓”的决定了。那些具有让人“安眠”功能的股票，才是我的最爱。过一段时间以后，肯定能赚到钱。

再者，当我确定投资对象很稳的时候，不管是什么板块，我都能大胆下重注。这绝对比因为不熟而仅仅敢下一点注的整体资金回报率要高得多，而且一点也不会赚得慢。这是我对中国式投资实践的体会。

比如中信证券，虽然从 2005 年底 4 元多开始上涨，我也在 2006 年上半年开始密切关注此股，但一直没能估算出其投资价值，因此一直没有行动。

2006 — 2007 年是中国的大牛市，最大的受益者肯定是证券公司。加上 2007 年股改方案的大面积推行，市场的容量和成交量与过往相比，更是不可同日而语。中信证券辖下营业部的交易份额和投资银行部的承销额，在国内券商中均名列前茅。

根据公开资料，我估算出中信证券 2007 年的业绩可达到每股 4 元的盈利；即使股价升至 40 元左右，市盈率亦不过 10 倍。

如果给予 20 倍市盈率的估值，即有将近 100% 的升值空间，依然非常有吸引力。研究明白之后，我才在 2007 年 4 月底开始重仓买入中信证券，平均成本为 40 元左右；到 8 月股价升至 80 元以上就卖出（见图 2.4）。

图 2.4　把握中信证券主升浪

等待是精髓

既然不熟不做，那么如果找不到合适的投资机会，又该如何处置手上现金？我的答案是：要非常有耐心地等待下班车。

国内的投资者老不愿意等待，大家总想先挤上车再说，可能连三天都等不了，更遑论像巴菲特那样静候几十年买入可口可乐的机会了。

投资的最精华部分，就是等待，等待下一次与机会再见。只要永不满仓，手中持有现金，过了这村也不怕没有下个店。在我私家的投资词典中，没有“踏空”这个酸性词汇。

2007 年 8 月后我出清 A 股，是空仓等待。因为我觉得在 5 000 点以上的市场中，没有可投资的品种，超出了我判断的估值区间。所以我跑去新疆，安心休息，只为了走得更远。当时我做了首怪诗：

再见 to 市场先生，

自由 in 天地无间；

思考 $ 生命意义，

舍得 @ 岁岁年年。

当时很多人说我“傻”，我的博文被认为是阿 Q 式的“盼空”，因为市场还在继续上涨。

一年之后，我从 2 700 点又开始买进，而且愈跌愈买。因为我认为这属于低估值的区间，可以动手了。2 000 点左右，完成一半建仓工作，然后是持仓持币等待。

当时也有很多人说我“傻”，因为市场还在继续下跌。

买难，卖更难

赚钱是永恒的孤独者游戏，尤其对价值投资者而言。

捕捉卖出的好时机，永远比捕捉买入时机难。因为在相当长的时间里，最高点只有一个。

用现金买股票的决定似乎最容易，但容易出现的结果，就是输钱收场！

卖掉一只差股票（卖出后不涨），然后立即买进一只好股票（买进后就涨）难；同时作出两个正确的决定非常难。卖掉一只好股票，然后立即买进另一只更好的股票更难；判断两只好股票未来哪只涨幅更大最难。

卖掉差股票（斩仓）后，持有现金长时间等待最难；知错就彻底改正非常难。不做买入决定而持有现金等待，在熊市与牛市都很难。买入优质股后，不论它猛涨、猛跌还是不涨不跌，都轻易不动，与持有现金等待一样难。

下决心卖掉过分被高估的好股票，等待其再下跌难。因为一旦我们认定一只股票是好股票，就容易沉溺过度，希望从“恋爱对象”变成“结婚对象”。但好股票有时候太贵了！太贵的好股票，并不一定会马上跌到便宜的价格区间。

这几段话有点像绕口令，却是我最深切的投资体会。想在证券市场上做一个成功的投资者，远比许多人想象的要难。

三心二意的关口

具体来说，成功的投资者必须“三心二意”，但此“三心二意”非彼三心二意。

耐心——好股票并不是你一买它就涨，很可能是在牛市中的相当一段时间内，大盘涨它在跌！大盘跌它更跌！有多少投资者能耐心坚定地持有并默默等待下去?

信心——股票买了以后又跌了30%，有多少投资者能对自己的判断保持信心？会不会怀疑自己看走眼了？好股票要坚守甚至加码买进；坏股票则要壮士断臂。“死猪不怕开水烫”与“有信心”有着几乎相同的表现，最终的投资结果却有天壤之别。

专心——其他的股票都在涨，你买的价值型好股票就是不涨，你很可能见异思迁。

创意——我就是我，独断独行。我的投资风格是独创的。

执意——只有偏执狂才能胜出，我的决策是自己与镜子里的自己商量后决定的。

热点吸引眼球，像我这样的“从一而终+不识时务”，似乎有点老套落伍了。但在牛市中股市貌似提款机之时，过不了“三心二意”这一关，你就入不了投资之门。

看不准，抓紧钱

另外，投资千万也不能朝三暮四，否则就成了不三不四。

比如，中国移动（0941.HK）从80港元跌到12港元，再涨到120港元，这个痛苦的过程谁能忍受?

又比如，中国平安也是我心仪的好公司，但2008年全球股灾过后，它曾跌至20元左右（见图2.5）。即使我们坚信平安未来股价一定会回升，涨至超过前期高点；但这段巨幅颠簸的“越野”过程，对大多数人而言，实在是太难熬了。

图 2.5　中国平安：挺过颠簸见光明

因为在这个过程中，投资者不但要忍受股价下跌，还要不断跟别人的同期收益做强烈对比。或者说，如果其他人的股票同期跑得较快，我们的却跑得慢，心里难免很失望。如果你能坦然面对这个过程，就真是一个坚定的超级价值投资者了。

总结我十几年的投资经验，得出的心得没几条，但其中很重要的一条就是：看不准就先拿着钱耐心地慢慢等！

学会抓紧钱傻等，就能立即做到“不输钱”。这一条听起来非常简单，做起来却几乎难于上青天。

2008 年下半年，等到上证指数跌至 1 664 点，可能很多人都拿着钱，却又想等到 1 500 点、1 200 点才出手。我估计，他们这辈子也等不到指数跌到他们“耐心”等待的水平了。

慢即快。心境慢到什么程度，赚钱就能快到什么程度。

2.5 小道内幕不值一听

我一贯坚持以常识投资，因为在信息无限膨胀的今天，信息量极大，但有价值的、有用的、正确的信息却极少。绝绝绝绝大多数信息都是垃圾！就像一个博客的访问量大、点击率高，并不代表该博客所讲的内容正确；反之亦然。

很多人整天电话打不停，听消息做股票。这个消息是证券公司老总告诉他的，那个消息是上市公司老总跟他说的……这一次消息对了，但下一个或另一个可能就错了。如果你跟着它坐庄，那你也可能会错；2001年之后，许多跟着著名证券公司、听信息做股票的都做错了。我觉得，这样做跟赌博没有什么两样。

在投资世界里，小道消息如同媒体上的花边新闻。你如果当真了，几乎就是日后的笑话，而且你终将赔上辛辛苦苦积累下来的资金，会输得笑不出来。小道消息，根本不值得一听。

而所谓的内幕消息，且不说其是否违法，仅就投资的本质来说，也是一种赌博的心态。说什么“如果运气好……”、“如果重组成功……”等等，投资者都是一厢情愿地沉浸于暴富的期望当中。

最近最经典的案例就是美国的麦道夫诈骗案。纳斯达克股票市场公司前董事会主席伯纳德·麦道夫就巧妙地向投资人暗示其曾经特殊的身份可以得到内幕消息，可以给投资者带来丰厚的回报，设计了瞒天过海的“庞氏骗局”，骗局被揭露时已给投资人造成500多亿美元的损失。

国内证券市场中利用内幕消息做投资，如果讲成功赚钱概率大，大概只有公募基金经理的“老鼠仓”能做到。“老鼠仓”虽然似乎赚钱容易，但想想其承担的法律风险，也实在是不值得为之。

穷其一生培养判断力

内幕消息和小道消息，都是投资之“旁门邪道”，不可复制，也不可为之。所以我劝大家还是不要做这样的事情，回归到价值投资要做的事上来。

价值投资的公式：好公司＋便宜价格＝买进。非常简单。好公司人人都知道，价格是否便宜就要靠独立的判断，看投资者能否在低价的时候买进好公司，用4毛钱去买值1块钱的东西。这听起来非常容易，做起来也不复杂。

我只看、也只懂根据简单的数据、公共的信息去投资。这是我们做出正确决策的主要依据。

比如说，曾经题材股、中小盘股和创业板股票的市盈率都高高在上，达到70倍、80倍甚至100倍，而蓝筹股的估值只有十几倍。由于高市盈率的股票跌下来的概率大，低市盈率的股票涨上去的概率大，因此这种比价效应迟早会导致资金最终流向低估值的蓝筹股。

在信息的海洋里，正确的信息非常有限，所有一切的关键在于我们有没有分辨的能力！

又比如说安全边际，投资者用 4 毛钱买 1 块钱的东西是安全的，但要怎样才能精确判断股票的价值？

对我来说很简单，当我发现大家都害怕，不想要股票了，实际上股票“打折”的淡季就开始了，几乎大多数优质公司的股票都是便宜的，不用去做非常细致的研究。

数据没有感情，而解读和判断却是非常个人、非常见仁见智的事情。优秀的判断力，须穷其一生去培养，尤其是当与大众不一致的时候，你还相信自己原来出手时的依据去判断吗？芒格所说“40 岁前没有真正的价值投资者”，要表达的就是这个意思。

赚钱不需要秘密

世界是不可知的。因为我们每个人都戴了有色眼镜，只是深浅不同而已。

真相其实很简单，但大多数人都戴着深色的有色眼镜，令真相变了色，甚至连真相也被误判成谎言。

2006 年我推荐万科、招行的时候，许多人认为我是在拉大家来“抬轿子”。到 2007 年 8 月卖出万科、招行以后，我的言论又被误会为是卖出后在唱空看淡；还有人在我的博客上跟帖，同情我，为我加上一句注解：卖出后看空是人之常情（言下之意是，我的言论不一定客观，不一定正确，是盼空）。

人们对于世界的看法，其实全来自自己的内心世界。当外界的信息碰巧与自己的想法一致时，就认为信息是“正确的”，然后便全盘接受；当外界的某些信息与自己的想法不一致时，尤其是与市场短期形态高度不一致时，许多人宁愿相信大多数人的一致判断。

其实，这是宁愿相信不离群的自己！

投资者能否亲自去上市公司调研，并非最重要的。最重要的是，投资者对已有的公共信息（包括其他人写出的调研报告）的判断。看看巴菲特和芒格，他们一辈子亲自调研过几家上市公司？他们做投资所依据的信息，其实并不多，一生也只做了十多个伟大的决策，但这就足够了。

少即多。

信则有。

赚钱是不需要秘密的。

“投资六式”见分晓

利多、利空、涨、跌，天天发生。是否买进卖出，所依据的信息一定要正确，否则就会做出一次错误的决定。

要想做一笔“低风险、高回报”的好投资，我们必须“前后上下高低”面面俱到。

往前看，也往后看；往下想，不往上想；买（复权）股价高的，不买股价创新低的；买市盈率低的，不买市盈率高的。

往前看，是推测以后公司的盈利经营是否稳定，是否可持续发展；往后看，是看该公司曾经做过什么，有无劣迹，有不良记录的公司，基本不沾边。

往下想，是考虑风险因素第一，以不输为目标；不往上想，是不想少想能赚多少倍。

股价高，市盈率低，代表公司经营历史优良，为老股东创造了许多财富；股价越来越低，市盈率高甚至没有市盈率（亏损），说明公司在不断毁灭价值，不值得信赖。除非你是重组高手或进行非法内幕交易，否则少碰为妙。

这是我在投资前考虑的六招，考虑清楚了，你对这个行业也就相当熟悉和了解了。买什么，不买什么；买与不买也就一目了然了。

所以芒格说过，即使用贵一点的价格买好公司，也值得。这一句话对巴菲特而言真是“一语点醒梦中人”，至此，他的投资水平才上了一个新台阶。

第三章

“股市不死鸟”的最爱

CHAPTER THREE

不畏浮云遮望眼，只缘身在最高层。

2007年9月摄于新疆慕士塔格峰

我一直坚定地遵循简单的投资原则，买入价值被低估的优秀公司，所以才能在一轮又一轮的市场淘汰赛中存活下来。我因此自嘲为“股市不死鸟”。

“不死”的真谛，其实就是巴菲特所说的“不输钱”。我既微观地分析被低估的股票，也从宏观面去寻找未来充满成长机会的行业。

假使世界经济已踏上正轨，中国经济继续稳步增长，我们可以预见通胀重临。在通胀期里，“抗通胀，保增长”将成为未来投资者面临的最大考验。最简单的解决方法之一，就是投资受益于通胀的行业，例如金融、资源和地产股，等等。

我一向对中国经济有信心，因此也对中国金融业有信心。金融是万业之母，只要宏观经济继续保持快速增长，那么金融类企业的业绩就有保证；只要中国经济以后依然能保持平稳发展，银行业、保险业肯定都能分一杯羹，肯定是最稳定赚钱的行业。

不过，正如我在前面的章节中反复强调的，多美多好的企业，也须考虑投资价值。资源虽美，但不是所有股票都值得买入；地产股虽好，却不一定便宜，不是合适的买入品种。

正确的投资并不是买到正在上涨和已经上涨的股票，而是要买将要上涨和可以确保以后能上涨的股票。其实买入后是否立即被套与投资的正确与否没有任何关系，正确的投资迟早会“上位”，而不一定是立即“上位”。好比流星是变不成恒星的，短期涨得好的股票大多数属于证券市场中的流星，而恒星在短期内几乎没有多少人会看见它的光芒，如恒星般永恒的长升股恰恰可能是短期逆大势而跌的股票。

金融海啸以后，我选择在别人的恐惧之时贪婪，集中在金融业里寻找价值被低估、下跌空间有限、在危机中并未被灭顶的中小型成长股票。

我不会买仅仅有概念与题材的品种，也不会买太贵的所谓优质品种。目前的金融股和资源股，便宜而实实在在，是让我在再恐慌的时期都能睡得着觉的股票，至于能赚多少，那只有事后才能一目了然。那些事后来分析比较哪个板块跑得快的判官，均属于事后诸葛亮。

3.1 金融业“弯道超车”

投资不是模仿秀，但既然中国人也可以喜欢《阿凡达》，证明美的东西迟早总会被人认识到并喜欢上。

第二章曾提及美国有愈来愈多的投资者，包括巴菲特、索罗斯和保尔森，都开始青睐花旗集团、青睐金融股，所以我搞不明白为什么明显便宜的中国金融股竟然没有人青睐。难道中国股市在短期内真的无法走出独立行情吗？

金融是万业之母，这句话什么时候都成立。因为金融业是国家经济的重要组成部分，也是企业资金的主要来源。中国人民银行公布的数据显示，2009 年银行贷款占国内非金融机构融资总额的 80.5%。

换言之，各行各业无一不依靠银行融资的哺育而茁壮成长（这也是为什么世界上的大公司许多都是金融股的原因），所以银行最能分享未来宏观经济的快速增长。我对中国经济有十足的信心，因此也对万业之母抱有信心。如果不是基于这样的预测和判断，我就不应该再持有任何一类股票了。

2008 年金融海啸以后，许多人都为银行忧虑，说第二年中国银行业的业绩倒退已是板上钉钉。不过，中国政府一再强调其金融体系是稳健的，很肯定地说了一句话：“我们不能幸免于难，但我们可以一枝独秀。”我觉得，这句话准确反映了我国银行和保险等金融类公司的现状。

在政府的 4 万亿元刺激经济方案及高度监管下，中国的金融业实际上是这次危机中的间接受益者，是真正的“弯道超车”。

表现优于预期

虽说“城门失火殃及池鱼”，高杠杆业务让欧美银行受到致命打击，但中国的银行业一直以低杠杆运作；相对于世界其他主要经济体，从某种程度上说，中国受到金融海啸的影响较小。

要说影响，其实是心理影响居多，再投射到股票市场上。当时许多投资者都被欧美金融股大跌 90% 以上的惨象吓呆了，连带国内的银行股也被拖累下行。于是，大众的恐惧就成了我的机会，是我在 2008 年收到的“圣诞大礼”。

2008 年下半年，我国银行股的价值明显被低估，但我相信市场是精密的中长期称重器，低估总有尽时，迟早会迎来其应有的股价。这样的情形就如同当年全球科技股股灾后，带有“网络”、“科技”字眼的优质科技股股价接连受累。中国金融股也一定像那些优质科技股一样，迟早会脱离被误杀误判的苦海。

当时我做出的最悲观的预测是，中国的银行 2009 年业绩普遍倒退 40%。不过，即使在这样的前提下，中国的银行股也值得买进并持有。之后随着经济复苏，其营运收入将有所改善。事实上，根据我跟踪的微观银行数据，大多数银行 2009

年发布的季报、半年报，均好于我的预期，有的甚至在逆境当中仍取得了小幅的利润增长。

况且，正如前面章节所说，评估金融资产的重要指标，不是简单地看短期市盈率，还要看市净率。自从 2005 年 6 月交通银行在香港上市以后，国内其他银行亦陆续在 A 股或境外上市筹资，大大地增加了其资产净值，让原来高高在上的银行股市净率充分降低，也增强了抗风险能力。

我国银行 2009 年业绩见表 3.1。2009 年 3 月前后，在 A 股上市的银行市净率平均仅为 1.51 倍，显示出投资价值。只要其业绩不至于亏损，其市净率便还在下跌通道；如果 2010 年经济好转，则市净率的下降速度更快。只要 2009 年不亏损，就是我国银行业最大的胜利。

就在这样的前提下，我认为中国的银行股值得买进并持有。

表 3.1　我国银行 2009 年业绩

名称	中国银行	建设银行	工商银行	招商银行	交通银行	中信银行	民生银行
净利润（亿）	810.68	1 068.36	1 294	182.35	301.18	143.19	121.04
同比增长（%）	+25.96	+15.32	+16.3	-13.48	+5.59	+7.69	+53.50

信我政府

我刚开始买入兴业银行（601166.SH）和交通银行（601328.SH）的时候，上证指数在 2 500 点左右。如此的估值，其实已经十分便宜，但后来全球金融危机愈演愈烈，中国的股市也反应过度，上证指数在 2008 年 11 月竟跌至 1 664 点。

当时，连傻子都知道我买入的银行股也被深套了，与其他大跌的股票几乎没有什么区别。但我从不奢望能迅速赚大钱，只希望能抱着金融股睡觉，度过那个全球金融市场最寒冷的冬天。其他板块的涨涨跌跌，跟我没有任何关系。

再者，我说银行股便宜的意思，不是说一买就能马上涨，而是往下掉的概率小而往上升的概率大。没想到结果再一次证明，保守的投资思路既不影响睡眠质量，赚钱也一点不少不慢。一年后，我的投资组合已完全进入新一轮的盈利周期。慢即快，少即多。

自信是成功投资的重要特质。一买即套甚至被深套，可能完全不是投资者买错了股票或错选了时机。有时候可能是市场犯了错，但大多数人都以为错在自己，因而做出错误的买卖决定。而我坚信恐惧过后，经理性分析后所买的便宜股票迟早要涨，所以敢于愈跌愈买。

这既是坚持自己一贯的原则，另一方面，也源于政府对中国银行股的保底承诺。

2008 年 9 月 19 日起，中投公司旗下的中央汇金公司已在二级市场主动购入工商银行 (601398.SH)、中国银行 (601988.SH)、建设银行 (601939.SH) 三大国有行股票，目的是稳定国内的资本市场。到了 2009 年 3 月，中投公司更公开表示，会在适当时候买入三大银行的 H 股。什么是适当时候？就是它们股价再往下行的时候。

以我的理解，政府这样做，简直就是为中资银行股签发了一张最大额的认沽权证。只要股价再跌，市场再抛售中资银行股，政府就出手买入，等于变相做了保底承诺。关键只是大家信还是不信。

我信。因为2009年3月9日，汇丰控股（0005.HK）急泻24%，创出历史最大的单日跌幅，但香港的中资银行股基本没有跌。在这之前的两星期，已经有大行研究报告建议大家换股：沽出汇丰，买入中资银行股。

我信。因为我见证过1998年香港政府以同样的策略，买入大量股票（后来成立盈富基金管理公司），来击退沽空恒生指数的国际炒家。许多人当时不相信，结果行权价在当年8月就出现了：恒生指数见底。

今时今日，连香港人都明白，凡政府的力量都必须信，更何况出手的是中国政府？

押注中国前景

北京人戏称中国人民银行为“中国人民很行”。从国际资本对中国银行业的追捧热度来看，现在真到了“中国人民的银行很行”的时候了。

就以2009年11月才赴港上市的民生银行（600016.SH）为例。尽管其H股融资计划曾两度搁置，在是次发行H股前夕还曝出海外投资失利的消息（持有美联控股的9.9%股权，投资高达8.87亿元；美联控股旗下的美联银行倒闭，民生银行的投资可能都会打水漂，并且还需要做巨额计提），但民生的H股国际配售依然获得了众多买家的青睐。据媒体称，当中包括索罗斯、老虎基金、厚朴基金，以及中东、印度等地区的投资者。

许多国际级的机构投资者对于民生的投资失利事件，都没有过多地强调和关注。难道这些精于计算的金融大鳄对其失误故意视而不见？非也，只是中国银行股的吸引力太大而已。

对他们来说，买入中国的银行股，就是押注中国的未来。从这一点上来说，他们比许多国内投资者更看好中国的美好明天。

中国的银行正在“弯道超车”。据法国财经新闻社《财经周刊》的统计，经过金融海啸之后，截至 2008 年 6 月底，工商银行已经以 2 570 亿美元的市值，成为全球市值最大的银行。建设银行、中国银行及交通银行则分别名列第 2、第 3 位及第 13 位。

站在 3 ～ 5 年的角度看，中国的银行通过上市筹资，补充银行资本金，抗风险能力大大加强，而且，银行经营模式也有所变化，从单一吃息差的中国式银行，转化为准综合金融服务公司，比如私人银行，信用卡、信托、第三方销售等业务均是未来盈利的增长点。实际上，中国经济发展过程中的很多“好事”银行都有份分一杯羹，所以如果未来中国经济恢复增长，银行是最稳定的赚钱品种。

中国银行业的地位已今非昔比。

无惧不良资产

对于投资中国的银行股，大家最关注的可能是不良资产的问题。其实，只要对比一下香港的情况，就明白这种担心并无必要。

1997 年亚洲金融风暴以后，一样有很多人质疑香港的银行不良资产过多，危机重重。因为经济衰退的时候，可能会有较多客户（尤其是中小企业）倒闭，造成银行的坏账较多。不过，由于企业借贷很多有房屋物业作抵押，只要不是烂尾楼，长期来看房屋可能是银行最好的抵押品。事实上，到了2000年，原先的不良资产都变成优质资产了。

就目前来看，中国的银行资产质量是建国以来最好的时期（见表3.2）。银行贷款的审批制度和审批体系，都随着市场化程度的不断加深而日趋完备。因此，在未来很长的一段时间里，银行股仍旧是很好的投资板块。

表3.2 银行资产质量逐步改善

不良贷款分类	截至2008年12月31日		截至2009年9月30日	
	金额（10亿元）	占总贷款的百分比（%）	金额（10亿元）	占总贷款的百分比（%）
次级	224.9	1.1	214.1	0.7
可疑	212.2	1.1	229.5	0.8
损失	49.5	0.2	61	0.2
总额	486.5	2.4	364.2	1.7

另外，无论是中国人民银行持续降息还是持续加息，我都不认为是银行业的利空。

2008年9月中旬开始，央行持续大幅降息。当时我认为，从长期看，降息对银行业反倒是利好消息。资金往外流，所有资产的价格都会被重估，表面看银行的毛利下降了，但是“饼”做得更大了，新“饼”的质量也会更好。这不是好消息吗？

2010年1月18日起，央行宣布上调存款类金融机构人民币存款准备金率，则可能又步入加息周期。市场预测银行股将普遍受到负面影响，但我认为短期内市场或有一些波动，但中长期来看，还是利好市场和银行业。

首先，增加存款准备金对银行的房贷资金影响不大。反之，存款准备金率上升意味着银行可放贷资金量有所减少，于是银行便会将资金尽量贷予优质客户，控制非优质客户的放贷额。从这个角度看，银行信贷资产的质量将提升，利好银行业。

其次，加息周期开始，银行信贷利差将会逐步扩大。目前中国银行业的收益主要来源于息差，因此银行业盈利增长将会加大。

最后，至目前为止，银行业的估值（市盈率和市净率）仍然最具吸引力。

而且，从历史分析，每次利息变动的趋势和股市的走势都大致相同。加息的初期到中期，利率上升，股市亦随之上涨；降息的初期到中期，利率下降，股市也开始下跌。这次也不例外，加息是因为经济进入良性循环，经济扩张速度加快而采取的抑制措施。

短期波动之后，股市仍将保持上行。而银行业仍然是我密切关注和持有的行业。

3.2 偏好中小型公司

从 1979 年到 2009 年，中石油 (601857.SH) 用了约 30 年的时间，坐上了世界市值第一的宝座。

国有银行从 2007 年下半年的市值“虚胖”到现在相对“结实”，用了不到 3 年的时间。

非国企形态的上市公司，市值何时可以跑出位？这一个 10 年可见分晓。

买股票是买预期、买增长，所以我偏好规模不是最大但质地最为优良的公司。依据这样的标准，在银行股中，我选择的都是中小型的股份制商业银行，如招商银行、兴业银行和交通银行。

对于工行、中行、建行这三大国有银行，我一贯的观点是它们的规模太大，增长空间有限。（当然，这个观点请大家自行判断。）而增长有限的公司，甜头一定不大。

事实上，三大国有银行虽然规模庞大，但它们的股价走势明显落后。如果当初中投公司不增持的话，可能更要落后。这其中一定是有内在原因的。

打个比方，招行的网点不足 700 个，工行则有 16 230 个。如果招行一年开 40 个网点，工行那边开 180 个网点；新增的 40 个网点对招行总利润的贡献度，会远大于 180 个网点对工行总利润的贡献度。由于中小型银行的增长快过大银行，因此它们的估值也可能相应提高，未来的展望也可能更高。

换个角度发掘机会

2008 年 6 月，金融股开始领跌；在那之后两个月间，上证指数跌破 3 000 点，在 2 600 点至 2 900 点之间箱体震荡。在众多金融股中，兴业银行最先被投资者看空，主要是因为该行的贷款结构中，房地产业务比重太高，包括 30% 的房屋按揭及 10% 的开发商贷款。

当时，房地产行业和楼市都已明显进入冬季，加上美国次贷风暴，让各路投资者闻风而逃，纷纷抛售兴业银行，令股价快速下滑，跌破 28 元。不过，我与其他投资者的判断刚好相反，他们抛售的理由正是我看多兴业的依据。

首先，我认为兴业银行的大股东恒生银行有风险管理的能力。我对比分析了在 1997 年亚洲金融风暴和 2003 年“非典”（SARS）期间，香港本地银行的经营状况和风险承受能力。恒生银行是香港本地银行，其业务中房地产按揭贷款占很大比例。在 SARS 期间，整个香港风声鹤唳，人人自危，作为香港经济支柱之一的地产一落千丈。当时的危机感远高于 2008 年金融危机之时。但即便在当时的环境中，恒生银行当年也通过良好的风险控制和管理实现了盈利。恒生银行作为兴业银行的大股东，其风险管理能力对提升兴业银行风控能力影响正面。

其次，中国房地产市场和美国房地产市场不同。美国房地产市场的风险巨大，表现在杠杆巨大（5% 首付或零首付）、资产证券化进一步放大杠杆、金融机构对房产购买者无追诉权等。而中国人对保有自住房产有传统认识，再苦再累都会尽力保证按揭供给，首付也高达 20% 甚至 30%，金融机构对业主资产享有追诉权。可以肯定地说，中国金融机构资产中的房贷按揭资产是风险最小的优质资产。

更重要的是，兴业当时的股价对我来说已很有吸引力了。以该行 2008 年每股盈利 2.28 元计算，市盈率不过 12.3 倍，市净率为 2.5 倍；即便第二年的业绩毫无增长，28 元这个价位也是值得持有的。

岂料其后几个月，兴业的价格不断下滑，至 2008 年 10 月底股价低见 11.47 元，即市盈率 5 倍，市净率 1.1 倍，极具投资价值。我从 28 元开始买，然后一路加仓，愈跌愈买，最低买入价为 12.5 元，平均成本为 19 元。

事实再次证明，“低风险，高回报”是可行的。2008 年兴业银行的股息为 0.45 元，以最低的买入价 12.5 元计算，红利率达 3.6%；截至 2009 年底，其股价亦已翻了一番，回升至 40 元以上（见图 3.1）。投资回报颇丰。

破解大小非魔咒

2010 年 2 月 5 日，兴业银行的第一大股东福建省财政厅将其

图 3.1 兴业：愈跌愈值得买

持有的 10.2 亿股原始股上市流通。这是其最后一批限售股，大小非解禁（占总股本 5% 以上的限售流通股称为大非，占总股本 5% 以下的限售流通股称为小非）之后，兴业便进入全流通时代。

一般的投资者总认为，股权分置改革完成之后，大小非就是悬在他们头上的一把利剑。当那些成本极低的非流通股解禁后，便会严重冲击市场，拉低股价。正如兴业银行的许多小非的成本不过 1 元钱，算上分红后，成本甚至远低于 1 元，吓得“恐惧大小非一族”魂飞魄散。

证券市场是一个不断出现谎言与谬论的场所。“大小非的成本低，只要有钱赚，就一定会不计价格地卖出”这种看似很有逻辑的推理，其实很荒唐可笑。这完全是一个想当然的谬论。

我从不觉得大小非有多可怕。因为股价的短期波动反映的是大众的情绪波动，所以巴菲特说“市场短期是投票器”，就是指市场在谎言的推动下经常被严重高估与低估。2008 年的大小非加上金融风暴，让中国证券市场跌到被低估的 1 664 点。这样的危中之机，可能真的好多年都不会再出现了。

只要公司质地优良，投资者就应该持有它，因为公司的股价根本不知道也不会理会持有人是以什么价格买进的，从长期来看，股价一定能够预测到该公司的未来，也就是能够体现出该公司未来的增长。而且股价的长期走势，与初始股东的成本无任何关联，与股票是否全流通也没有任何关联。

2009 年全年的上证指数走势，已经用铁一般的事实证明，国际通行的全流通规则，并不会导致中国的股价长期脱离价值而被低估。

十处九是，选择包容

从另外一个角度来说，如果大小非解禁真的导致许多人的额外恐慌，那么被误杀的股价，不是正好给识货的投资者提供了一个以黄铜价格买入黄金的绝佳时机吗？

比如中信证券在 2008 年 8 月 15 日实现全流通。中信证券作为金融权重股，我相信市场一定会提供正确的答案。当你以为其股价要跌的时候，结果三天后——中信证券涨停！

所以，让全世界绝无仅有的大小非见鬼去吧！“大小非”三个字，已经成为历史。

说到底，估值是证券价值之根本。以短至三年或长至十年的眼光去看，股份流通不流通根本不重要，我买入金融股时也不会考虑大小非的比重。只要公司质地优良，投资者就应该持有它。

股票的未来价值，才是一切财富的本源。

除了中信证券，招行在 2009 年 2 月大小非全部解禁时，表现也十分抢眼。虽然市场对于招行在 2008 年高价收购香港的永隆银行并不十分认同，但我觉得招行如果在将近 20 年里，大多数的事情干得都是对的，哪怕它真的干一件不对的事，我也会包容它。

分析企业就像下围棋，首先需要树立全局观，然后通过一个子一个子的角力，才能赢。我认为招行继续存活壮大的概率非常大，所以其股价创新高是百分之百的事；问题只是什么时候而已。

从图 3.2 中可以看到招行的股价表现。

图 3.2　招行：返回 40 元有期

就算招行股价跌到只剩 1 元，只要你相信它能涨到 40 元以上，那从这个意义上来说买招行肯定没有错。关键是你相信它能创新高才会去买，不用怕被套的过程；如果你怕被套，就算我说招行会创新高你也不愿意买。

投资绝对不是时间刻度以月或者日计的高抛低吸，那都是所谓“聪明人”干的事，我从来没有想这个事。

3.3 利空出尽是良机

我之所以敢于抱着金融股枕头睡觉，是因为预期这类股票质地不错，业绩可望增长，股价仍有上升空间。即使中途遇到波动，我也不会在意短期涨跌；就算路途颠簸如中国平安，我也会坚持下去。

2007 年，我在一个人人喜爱、既温暖又温柔的市场里，匆忙离场。2008 年下半年，我重新进场，正是“哀鸿遍野”，市场信心严重不足之时，投资对象只选择了金融股。我并不是预期金融股短期内能涨多少倍，而是认为其估值已经进入低估区间。与其他板块相比，金融业明显低估，这就是防守的思路。

除了上述银行股，我就买了中国平安。现在来看，大跌后敢买，是我在证券市场能存活多年，并持续赚钱的秘诀之一。

2008 年，平安因为购入富通集团 5% 的股权而浮亏九成（前三个季度需计提减值准备 157 亿元，而全年为 227.9 亿元），被人人喊打。

投资富通不就是平安一年到一年半白忙活了吗？

尽管平安的董事长兼首席执行官马明哲那一年不领薪酬，希望与公司共渡难关，但人们依然在骂。说到底，只是因为2008 年平安跌得实在是太狠了（见图 3.3）。（2007 年涨得狠的历史已经被遗忘，健忘已经是人类的习惯了。）

面对千夫所指，马明哲仍做出了这样的自我评价：“在经过充分论证和审慎评估之后，平安于 2007 年做出了投资富通集团的决定。”这老马真是条铮铮硬汉。平安为什么能用不到 20 年的时间发展到今天这个行业地位与规模，我终于有点明白了。

图 3.3 2008 年平安狠跌

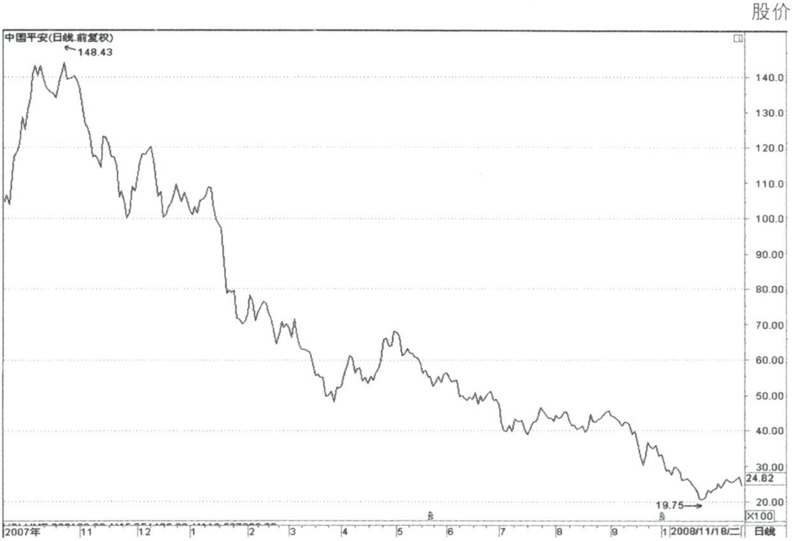

学费不会白交

一家中国金融机构要国际化，难免会遇到各式各样的风险。

既然平安已经“丑媳妇终归要见公婆”，不再遮遮掩掩，就让它一次亏个够吧！

信不信由你，平安的保险广告词完全适用于买股票：买保险就是买平安，买股票就是买未来。

沉溺于历史根本于事无补。投资（甚至投机）之所以能赚钱，完全是买中了最接近预测的未来。

踏中富通地雷的平安，投资水平无疑是“不行”，甚至奇差无比。一般人不行时，可能已经全套到没有再投资再翻身的钱了，但平安依然年年有源源不断的巨额保费资金流入，那是它最强势的“行”。（输个 200 亿元，一般人输不起，平安例外。）

事实上，平安 2008 年业绩虽然大幅倒退，但其保费收入却首次过千亿，保费涨幅超 100%。只要平安的保费收入趋势一天不停止增长，平安的投资价值就存在一天。

更何况，平安已对自己的投资失利闭门反思了，相信它未来的投资水平怎么也会有所提高吧！坐拥愈来愈多保费收入的平安，只要重遇牛市，其投资利润贡献亦将大增。到时候，一年赚个三五百亿只是小菜一碟．平安的股价也会再次一冲飞天。

我相信，这一次平安付出的不菲学费不会白交。希望平安未来真正能做到让股东的价值实现，实现长期稳定的提升。

见木也见林

问题是，我们是看到森林，还是仅看到树木。

森林，还是树木？

3 个月，还是 3 年？

10 个月，还是 10 年？

今天热门的，回头看来可能可笑；今天弃若粪土的，将来可能被趋之若鹜。一笔投资在显得很正确之前，一定（而不是可能）在很长时间内看上去都是错误的。

证券市场就是这样一个不完美的系统，它可以很接近合理估值水平，但要等得足够久。被高估的股票股价将降下来，被低估的股票股价会升上去，这就是证券市场这个系统的基本法则。

芒格说：“许多人路过大金石视而不见。”此话绝对精辟。

大多数人均认为近期涨的就是好公司，就是好股票；近期不涨的，就不是好公司，就不是好股票。大多数人都买过后来涨幅巨大的股票，但大多数人在该股大大大大的上涨之前就卖出了。

其实绝大多数垃圾股，概念股的凌厉升势是用来看的，而不是用来赚的；等到落幕后，一切均恢复了原样。然而，何时落幕，绝大多数人都认为自己会提前知道；但真实结果怎么样，永远也是可以预先知道的。

绝大多数人不知道长期（绝对不）= 近期 + 近期 + 近期 + 近期……而长期涨与近期不涨可能恰恰成正比。

正确的投资短期看极像错误的，只有数年后才被发现是正确的；错误的投资短期看极像正确的，只有数年后才被发现是错误的。这就是公开市场里绝大多数人都赚不到钱的原因，但要成为少数人，说起来容易，做起来可是标准的坐冷板凳啊！

统计学家的手提炸弹

说到这里，我跟大家讲一个故事。

话说一位统计学家因为从广播里经常听到飞机上出现炸弹威胁事件，故对乘飞机感到恐慌。于是，他对一枚炸弹出现在一架飞机上的概率作了计算；由于这个概率合理地小，他消除了疑虑。然后，他又计算两枚炸弹同时出现在一架飞机上的概率，发现此概率是绝对地无穷小。打那以后，他每次旅行乘飞机时，总会在手提箱中秘密地携带一枚炸弹。这样，再也不可能有第二个炸弹出现在统计学家所搭乘的飞机上了。

对我来说，平安就是统计学家主动携带在手提箱中的炸弹，它只威胁那些误以为统计学家是恐怖分子的乘客，但能给主动携带它的统计学家带去平安。

喜欢做大概率事件投资的我，就是那个傻到透顶的统计学家。

我是在 2008 年 9 月下旬，平安跌破 40 元，首次跌破 H 股股价后，在 A 股市场公开说可以买平安的。

投资要成功，不需要靠光彩夺目的股票和多头市场。正确判断和坚持信念，才是获胜的先决条件。利用判断力，可以找到好机会；坚持信念，可以在别人争先恐后往某个方向跑时毫不动摇。股价与估值才是成功投资的保障。

许多投资者因为错过了平安股价仅 20 元时的买入机会，便认为 30 元不能买了。但我的观点是，只要发现它的价格依然在低估区，40 元还是一样可以买入，可以从容地建仓。此时的平安比 2007 年更值钱，股价却比 2007 年的 60 元、80 元，甚至上百元更便宜，故其投资价值就非常明显了。

经过独立思考后，我对中国平安这只股票的判断就是：平安是优秀公司，值得买入。买的时候，只是觉得其长期的股价走势，上升的概率比下跌的概率高，而我又不怕短期被套，根本没想到它在金融海啸过后涨得这么快。

同股同权买低不买高

我建议大家在 A 股市场里买平安，还有一个重要的判断依据，就是它的 A 股与 H 股的股价一直倒挂。以 2010 年 3 月 17 日为例，平安的 A 股收盘价为 48.32 元，H 股为 57.83 元（65.75 港元），即 A 股便宜近 20%。

既然两只股票同股同权，当然买低不买高。这是我的投资原则之一。

比较 A 股和 H 股市场可以发现，愈是大家公认的好公司，其 A 股、H 股的价位往往相差不大，H 股的股价甚至会高过 A 股股价，即 A 股出现折让。反而不怎么好的公司，甚至是 ST 股，其 A 股股价却往往比 H 股股价高出很多（见表 3.3）。这是因为国内许多人特别喜欢炒绝对股价低的股票，而分不清公司好坏所造成的。

同样道理，2007 年初，有人会找出一万个理由以 40 元的价钱买刚上市的中国人寿（601628.SH）A 股，却不买同一天只值 24 元的香港中国人寿（2628.HK）H 股，实在是奇怪。2010 年 3 月 17 日，中国人寿的 H 股收盘价为 32.76 元（37.25 港元），股价仍然比 A 股的同日收盘价 28.41 元高；当日买中国人寿 H

表 3.3 A 股、H 股比拼

	股票名称	A股股价（元）	H股股价（港元）	折让率/溢价率（%）
A股折让率最高的五只股票	中国平安	48.32	65.75	- 19.68
	中国人寿	28.41	37.25	- 15.31
	招商银行	15.65	19.46	- 9.39
	工商银行	4.88	5.89	- 6.15
	鞍钢股份	12.21	14.52	- 4.9
A股溢价率最高的五只股票	北人印刷机械	8.24	2.6	+ 72.2
	经纬纺织机械	9.42	2.57	+ 76
	南京熊猫电子	8.84	2.16	+ 78.5
	仪征化纤	8.91	2.05	+ 79.8
	洛阳玻璃	9.23	1.89	+ 82

注：以上股价以 2010 年 3 月 17 日的收盘价为准。

股的赚了钱，买中国人寿 A 股的却还在亏损，可见“同股同权的买低不买高”这句话的价值之大。

目前中国主流的金融股 A 股，普遍比香港的 H 股有折让，那要买就买价格相对低的股票。风险低、回报高，我自己的投资案例已多次证明过，而且没有一次错过。

3.4 成长价值两相宜

眼前的钱是影像，未来的钱才是真实，投资是赚未来钱的大富翁游戏。

我偏爱成长股，买到处于成长期的公司是最让我兴奋的事。处于这个阶段的企业，由小企业发展成中型企业再迈向大企业，比如 20 世纪八九十年代的汇丰控股和前几年的万科就是这样类型的公司，其盈利都会快速上升，然后反映在股价之上，涨幅可以非常惊人。

“利润与股价齐飞”是证券市场里少有的场景，但“花无百日红”。

一般而言，规模已经很大的公司的成长性往往已经开始下降。汇丰控股就是一个明显的例子。它从 1998 年开始就悄然告别了股价成长期，成了香港大众的养老股。尽管业务尚不至于衰退，但近 10 年来汇丰控股失去了当年连升几十倍的豪气，而且远远没有跑赢指数，更没有为它的持有人带来丰厚的回报，股价仅是上上下下地波动而已。

不过，规模庞大的巨型企业很少一夜之间灰飞烟灭，抗风险能力比中小企业强得多。正所谓“饿死的骆驼比马大”，看看平安在海外投资失利、蒙牛和伊利卷入毒奶事件、国美的创办人被调查，就知道大公司不可能轻易被灾难击跨。这大概也是中投公司敢于在金融海啸过后增持三大国有银行股的原因。

只要公司不关门不倒闭，活下去，未来一定有机会。当未来前景不明朗之际，投资者不妨选择防守型的公司来进行投资。在这种时候，能够将其内在价值计算明白的价值型公司应该是投资的首选品种，巴菲特与索罗斯均选择了从具有悠久历史的美国大公司下手出击，就知道价值型投资永远是“不死鸟”们的最爱。

能够选出黑马股绝尘而去，是非常幸运的，但又有多少小企业能顺利成长为大企业呢？零售企业一箩筐，哪一个是下一个苏宁？哪一个是下一个沃尔玛？关门歇业的零售企业，倒是一个接一个。

最安全的地方不安全

成长与价值并非水火不兼容的。如果要我说，我会说成长+价值最好。

盈利增长是股价上升的根本支持，企业如果脱离了未来的盈利增长（不论是缓慢增长还是快速增长），那么对股票呕心沥血地进行所有技术层面的研究，亦只是水中月、镜中花。所以，企业成长非常重要。

究其原因，就是百年老店、长青企业非常少。“江山代有人才出，各领风骚数百年”，所以投资者不应该将买到长青企业作为唯一追求，买入处于成长期的优秀公司，可能亦是一个较好的“退而求其次”的选择。

然而，一家优秀公司被大多数人发掘出来以后，价格普遍已经不低。全球优秀公司的股价，均较长时期运行在一定的高估通道中，这个统计规律一定也适用于中国证券市场，所以，对“好股还须低价”必须高度重视。

“好公司贵价格”从来不是一笔好买卖。买入股价已大幅上升的“大众情人股”或“热门股”，一般是不可能取得超额回报的。从这个意义上说，“最安全的地方最不安全”这句话是很有道理的。从图 3.4 中，你就会明白这个意思。

图 3.4 汇丰控股：10 年原地踏步

热门股透支了企业未来很多年的利润，所以即使未来该企业的利润如预期发展和增长，但股价仍只会滞涨，不输钱已经是万幸。万一企业的增长不如预期般靓丽甚至倒退，则变成一场必输的刺激跳伞游戏。这样的投资别说超额收益，就连普通收益、跑赢指数都达不到。

人人都觉得没有风险的股票，也就没有了回报，根本就不能买。“低风险、低回报”指的就是这个意思。看看汇丰控股近 10 年的股价走势，只有波幅，没有涨幅，便充分证明养老股在人人都知道可以买入放着养老之时，就可能已经变了质。

再如，富通银行曾是比利时的养老股，几乎有一半比利时人拥有它的股票，结果呢，让人欢喜让“平安”忧啊。

成长与价值永远在动态中变化发展。故适当地在成长与价值之间切换，对一般投资者来说，是具有操作意义的。跌时重价值，涨时发掘成长；跌时注重防守，涨时适度进攻，才可能让投资收益最大化。所有的投资投机品种均不是一成不变。站在变的一方看未来，以企业家的眼光看企业发展与股价变化，才能看穿股市风云变幻，成为股市“不死鸟”。

寻找 tenbagger

在不同时期，有不同的优秀成长股出现。连年的利润高增长，足以为股价插上一飞冲天的翅膀。如果投资者有眼光能看透某企业，看透其未来几年的盈利能够快速增加，那基本上你就买中了一个彼得·林奇所说的 tenbagger（能上涨 10 倍的股票）。

股价的变化，一般有放大器的功能。好消息一般可以让股价涨得更高，同样，坏消息也可能让股价跌得更低。所以，当企业确认未来增长可期后，股价的涨幅一般会远高于企业同期利润的增幅。这就意味着，即使同期企业利润没有上升十倍八倍，预先买进该股的投资者却可以轻松赚个十倍八倍。这就是借助了神奇放大器的威力。

可是，在绝大多数的时候，短期股价与企业前景的关系都是“牛头不对马嘴”。尤其在市场十分热络的牛市末期，不论投资者买什么，通常都是一买就涨。这时候，所有股票的价值都被远远高估。这时候，各种好消息都被市场广泛发掘认可，大多数股票包括优秀公司的股价，往往都从低位升了八倍、十倍甚至几十倍。其后相当一段时间它们的股价即使不下跌，也会反复盘整很长时间甚至好多年，看到某股票以前一直涨然后忍不住买了而且也还在涨的股票，一般而言是不会带来太多投资收益的，因为它以前的涨幅你并没有享受到。

在牛市末期，希望靠短期股价赚钱的人不如直接去澳门赌场赌一把，那里的赢面更大，还有免费饮品供应。

如果在牛市末期，还抱着好公司可以超长期持有的信念，就是自欺欺人。与其说是终于理解了优秀公司的非凡价值，不如说是贪婪心在进一步左右自己。

所以，2007 年下半年我选择了离场。

瞄准资源股

然后，2008 年下半年我又回来了。

我认为，在未来一段时间内，以通胀预期为主线的“抗通胀，保增长”行情，将笼罩在 A 股乃至 H 股市场上空，这是后市的投资主线。

通胀明显正在抬头，根据世界银行预计，2010 年中国通胀率将为 3.5% 至 4%。就算大家现在还敢于拿现金，通俗点说就是“仓位不重”，但一旦 CPI（消费者物价指数）上升，投资者便很容易恐慌买进，结果就是乱买，而且愈贵愈买。

按照“通胀预期引发小牛市”这个逻辑，谁受益于通胀就应该买谁。以板块而言，金融、地产和资源等都是直接受益的。

上文已经详细讨论过金融股，而资源股亦是下一周期我重点关注的行业之一。

我的判断，依据有三点。第一，随着世界经济和国内经济的复苏，经济增长逐渐恢复，无论是工业消费还是大众消费，对资源的需求将不断增加。长期而言，资源类属于稀有资源。从供给方面看，生产供给增长速度将小于需求增长速度。供需关系的不平衡，将促使资源价格上涨。

第二，通货膨胀是未来经济不可避免的现象，尽管时间可能并不确定，但难以避免。通胀时期，资源类资产将是受益最大的资产。

第三，全球大宗商品是以美元标价的，长期来看，美元贬值的趋势难改，最终以美元标价的资源类价格必将上涨。而中国的资源股受惠于人民币升值，因为资源的价格在国际上通常以美元报价，折算为人民币时变相令相关企业收入增多。

所以不论是投资还是投机，资源股都有机会。

在资源股中，我最看好煤炭业及铜业，因为它们都处于供不应求的局面。而钢铁业，则仍有产能过剩的问题，必须等待其行业整合完成后，才能再加以考虑。

目前主要的发电用燃料还是煤炭，市场对煤炭的依赖性比对石油的更高，煤炭需求因素仍然存在。而且，在人民币长远升值的预期下，内地资源价值将会被推高，煤价只会上涨。所以，市场预期中国神华（1088.HK）在今明两年会有稳定的盈利增长；如果煤价上涨，其利润会更乐观（见图 3.5）。

图 3.5 神华：不贵的股价并不是立即就涨

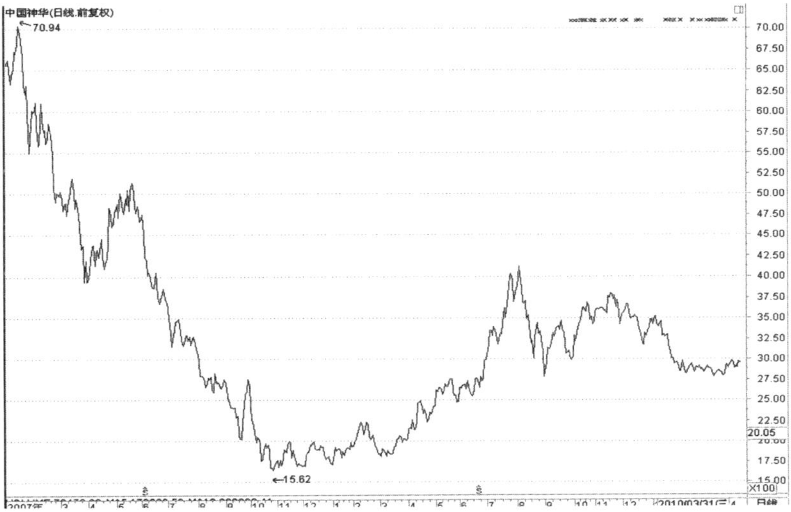

从基本面来说，铜的应用也很广泛。除非假设全球的需求会在目前水平上大幅下降，否则铜业的需求是没有问题的。从估值的角度来说，市场预期江西铜业（0358.HK）2010 年的纯利升幅可达 56.95%，进入另一个高增长期；预测市盈率为 13 倍，低于其他资源类股。2010 年 3 月 18 日，江西铜业的收盘价为 16.84 港元，并不算贵。如果你有信心全球经济迟早向好，内地经济会更好，可以安心考虑买入。这等于买入内地经济复苏有关的概念。

房价继续反常

相对于大蓝筹股的估值，房价已经非常之贵，但请记住一个考验人耐力的常识：贵的东西不会马上跌下来，便宜的东西不会马上涨。

2009 年 8 月初，我曾向北京一家大房地产开发商老板请教未来房价走势，他果断看涨，当时令我怀疑他只不过是圈中人的缘故。然而，其后事实证明房价的走势真如其所料。

2009 年 9 月 10 日，中海地产以 70 亿元的价格拿下上海新“地王”。按照这一价格计算，普陀长风的楼面地价为每平方米 22 409.3 元，但该地块周边最贵的楼盘价格也不过 22 000 元。2010 年 3 月 15 日，远洋地产旗下的北京远豪置业又以 40.8 亿元夺得大望京 1 号地的新“地王”，折合楼面地价达到 27 500 万元，亦高过同区的二手楼价。

面粉贵过面包，表面看很反常，但想想原先看错方向的地产商们，忽然发现自己没有足够的土地储备；原先观望不买地的，现在全转向集中来买；原先没有钱拿地的，在现在宽松的信贷环境中又有钱拿地了。反倒是地价不涨才怪。

当面粉全面贵过面包时，就不能简单用“反常”一词来形容了。反常的事情迟早会恢复到正常，但是是以未来房价远远高于现在的地价来表示正常，还是以全面套住众多高价拿地者来表示正常，结果将是天壤之别。

现在入市的土地，要到两年半至三年后才能变成上市的楼房。地产商就是因为看好后市，才不惜高价买地。如果高地价预示未来更高楼价的事情实现，那可是所有看空国内楼价者的噩梦，也是现在没有买楼者的噩梦。

在未来的低息环境下，通胀的魔影如以房价不断创新高来领先显形，那么，国内其他类别资产还能便宜到哪里去？结果可想而知。所以我也不太乐意再讲房地产的相关股票。人家问我万科，我没有回答过；我从来不买贵的东西。

中国老百姓的住房问题一定要得到解决，这样就会有很大的资金流向房地产市场；想房价立马掉下来，显然是不太现实的。市场并不总是有效，但是贵的东西迟早会跌，市场上有些股票不可能总是便宜。

适时启动推进器

我不喜欢短炒股票。通常劝人们不要短炒股票的一个比喻是：剪断的绳子接起来，一定短过原来的绳子。

我这里要说的另一句话，却恰恰相反：三级以上的推进器，才可能将卫星送往脱离地球引力的太空轨道上。让不同时期不同的优秀公司，成为你的第 N 级火箭吧，否则你的财富卫星是很难上天的。

尽早在年轻时将价值投资的原理应用于投资，在一生时间中赚个千倍万倍确实不是梦。

不过买中一家长青的优秀企业并持有一辈子，其股价最终升个几千倍的机会，真可能小于中六合彩。分别买中不同的、正处于某一个辉煌阶段的优秀企业，总体盈利的概率则要大得多。

要记住适时启动下一节火箭，否则如果某优秀公司这个推进器熄火了，而你没有及时启动下一个优秀公司，换下一个推进器的话，你的财富卫星将会在落地后坠毁。

一个人的生命是有限而短暂的，但人类的历史是相对漫长的。一个人的生命成长期是固定的，但不同时期不同企业的成长期的总和是漫长的甚至连续的。永远不要为上次没有投中万科而惋惜，未来一定有一个崭新的成长期企业在等着你去投资。问题只是你有没有眼光去发现它。

遗憾的事情永远有数学概率做基础，那就是绝大多数人路过大金石视而不见。在投资领域里，我们最应该做的事就是成为那为数不多的甚至与大家格格不入的少数人。

第四章

动静间捕捉时机

CHAPTER FOUR

万籁俱缘生，杳然喧中寂。
2009年1月摄于南极

选时选股同样重要。

如果说我是从巴菲特那里学会了选择好公司，学会了寻找到足够的湿雪和长坡，积累财富雪球的话，那么，我就是从索罗斯那里找到准确地掌握买卖时机的炼金术。

索罗斯的测不准原理和自强化理论是我最欣赏的投资原则。按照索罗斯的理论，市场在自我强化过程中形成反馈环，认识会改变现实，现实又反过来改变认识。

索罗斯说，市场的自强化过程根本没有想象的那么复杂，应该人人都能明白。

是的，中国人更应该容易明白。我就是用这么简单而不复杂的自强化理论来观察市场的，但我有我的中国特色——涨到你不信，涨到你不得不信，涨到人人都相信再也不会下跌时，下跌甚至大跌的种子就已经播下了。

牛市末期报利多，熊市后期报利空，这对大多数人是顺耳之言，当顺耳之声充斥市场之时，反向法则就开始悄悄起作用，离市场见顶或见底的时候也就不远了。历史上能靠投资赚大钱的人，大多数都是敢于在经济大灾难或企业陷于困境后重手买股的“逆向投资者”。所以说，熊市是播种的季节，而牛市则是收获的时期。关键是你如何判断和预测市场。

低买高卖是投资的永恒真理。在运用价值投资的估值方法找到买入点的同时，我们也要随时为自己准备一条退路。假如面对更好的投资机会，或股票的基本面转差，又或者股价已严重被高估，我们又何必固执地死守原地？

成功的投资者必须远离群众，特立独行；无视市场的短期波动，而敢于相信自己的感觉，遵从自己的理性分析；甚至不惜与全世界逆向而行。

成功投资，从来都是一条孤独之路。

4.1 测不准并非不可测

市场其实是非常有规律可循的，那些说市场不可测者除了做学问，是绝对没有可能从他们认为不可测的市场中赚钱的。测不准与不可测完全是两个不同的概念，应用测不准原理的索罗斯从这个市场中积累了巨额财富的事实已经证明了市场是可测的。

索罗斯管理的基金叫量子基金。物理学中的量子是什么概念？最核心的一条就是测不准原理（在一个量子力学系统中，粒子的位置与力量不可同时被确定）。既然世界是不可知的，那么真理也只能证伪，而不能证实。要知道什么是正确的，什么是错误的，只有经过实践之后才会有准确的判断。

任何事情都要有证据才能证明是特别成功的，如果没有就一定要打上一个大大的问号。所以我不是反对 K 线图，也不是反对技术分析，但对我来说，这些就跟名山名庙门口的算命先生一样，一定是只对他们而言才有用，否则就没法收费了。如果说它有用处，唯一的用处就是为你做心理按摩。每个人都非常害怕手上的股票是不是要跌，所以希望找到一些对自己持有股票的支持观点。在茫茫的所谓“知识”海洋中遨游，这个心态可以理解。

只有不断证伪，我们才能愈来愈接近真理。投资就是不断犯小错误、做正确的大决策的重复劳动。我也不例外，做投资十几年以来，我犯的错误其实有一箩筐。

尽管多年来我一直希望将来能犯更少的错误而且做到了，但我从没有停止也绝对不会停止在不同市场上参与投资实践活动，故不可能再也不犯错误。在复利的作用下，我以后若再犯错，所交的学费将愈来愈昂贵，我只能努力尽量少交，但可能还会不断地交下去。只有坚持不懈地在市场里面走下去，即使你的资金离开市场一段时间，但是你的心和你的脑袋从来没有从市场里面退出来，还是专注于投资。我相信，每个投资者，或者说一些市场投机的朋友，慢慢都能领悟到投资的真谛，也只有这样，才能与时俱进并不断提高。

人性主宰周期

我已经说过，测不准与不可测完全是两个不同的概念。索罗斯的测不准，其实是模糊而不是精确的预测。这也可以算是“测不准”这三个字的额外含义。

市场之可测，在于波动的根本其实源于人性。人性的变化很缓慢。整个生物世界经历了上亿年的演化，人类文明才几千年，几千年里要把不好的东西进化掉，过程是很缓慢的。就拿股市来说，从在荷兰诞生第一家证券交易所之后的这 400 年里，人的贪婪和恐惧没有任何变化，都是看见跌就害怕、看见涨就蠢蠢欲动。

索罗斯很了解人性，知道人从恐惧到贪婪再到恐惧，每隔几年就是一个循环。数学不能控制金融市场，心理因素才是控制市场的关键。价格往上涨，涨到不合理，是怎么发生的；价格往下跌，跌到没人相信，是如何发展的，他对此有很透彻的认识。

所以索罗斯才会总结出自强化理论，即市场在自我强化过程中形成反馈环，认识会改变现实，现实又反过来改变认识。

这一切其实是一个洗脑和催眠的过程。大多数人对于新生事物，都是一开始拒绝，慢慢变得适应，最后习以为常，并以为应该就是那样。

正如在任何一个大牛市中，蓝筹股中的龙头一开始在大众不敢下手时慢慢上涨，涨到投资者不敢相信的高度，然后在大众敢于下手买进时大幅上涨，涨到你不得不信，对蓝筹高市盈率开始变得慢慢适应，在地球人都知道要持股一辈子时开始酝酿下跌！当大众传媒异口同声说股价不高不贵、贵有贵的理由，甚至觉得很正常时，就离新的转折点不远了，下跌甚至大跌的种子已经播下。以中国证券市场为例，2007 年下半年开始，很多人对中国蓝筹股的高市盈率开始慢慢适应，一旦整个市场都觉得蓝筹高市盈率很正常时，新的转折就快临近了。

因为世界是测不准的，所以便宜不便宜，并没有绝对的标准；什么时候涨什么时候跌，也没有确定的时间表。所以很多投资者都不敢独立思考，而只渴望与大众保持一致。当股价持续上涨，涨得让本来驻足观望的人都受不了，而终于在某个时间不问价格地买进，这个事情也就到头了。

至少我有些明白了索罗斯的这种并不复杂的自强化理论。当招行、万科成为几乎所有机构的标准配置时，我选择了卖出。当中国平安被人人喊打时，我开始分批买入并公开说明“为什么 40 元以下的平安可以买”，不到一年时间，一觉醒来后，40 元的中国平安已经成为过去时。

远离群体的盲动

投资者所要做的，就是充分利用市场的情绪变化，然后做出正确的买入和卖出决定。

与索罗斯一样同被称为“投机大师”的巴鲁克，就对市场先生的情绪有很深刻的体会。生于 1870 年的巴鲁克是犹太人，在 20 世纪初的华尔街炙手可热，其名望声誉一点不逊于今日的巴菲特和索罗斯。

1929 年股市大崩溃之前，巴鲁克发现，随着股价的飞涨，人们已经忘记了“2 + 2 = 4”这种最基本的东西，甚至连华尔街擦皮鞋的小孩都开始向他推荐股票，令他不得不果断清仓离场，结果顺利逃顶。

“群众永远是错的”是巴鲁克投资哲学的第一要义。这次逃顶令他对群体的盲动有了更深切的体会。他认识到，作为有独立思考能力的个人，人们通常是明智而富有理性的；但当大家成群结队、情绪相互影响时，就变成了一伙笨蛋，不是在股市上涨时过于兴奋，就是在它下跌时过于沮丧。

巴鲁克透彻了解群众的人性和本能，然后成功驾驭市场。他鉴别何时算是应该买入的低位和应该卖出的高位，所用的标准非常简单：

当人们都在为股市欢呼时，你就得果断卖出，别管它还会不会继续涨；当股票便宜到没人想要的时候，你应该敢于买进，不要管它是否还会再下跌。

所以巴鲁克曾自嘲道："我总是卖得太早。"套用这句话，我也可以说："我也总是买得太早。"比如 2008 年 8 月以后，我大概在上证指数跌到 2 700 点以下时就开始分批买入了。坦白地说，大盘跌到 2 000 点以下确实超乎我的想象。我当时的乐观情绪可能是偏重了一点，这也算是投资过程中犯的错误吧！

买得太早不为错

买得太早，可能以后依然会是我的一个投资错误。如果这个错误不致命的话，可能也没有必要一定得改正。

因为便宜的股价一向对我有吸引力，但我不可能指望每一次都成功寻底，买到极其便宜的股票，所以就算买入后股价往下走，短期变化跟我判断的发展方向有距离，甚至套了 10% ～ 30%，我也不会轻易做出斩仓的决定。

因为世界是测不准的，所以有些意外事件在发生之前，你根本不会知道。就如大盘跌落到 2 000 点以下，跟国际金融形势发生重大变化有密切的关系。判断中短期的走势太难了，而且也不应该做这样的预测。

所以买入股票后，我也不准备在短时间内卖出；除非它比我原来预计的涨得更快，让我赚了钱，我才可能会做出卖出的决策。从这个意义上说，投资后短期的亏与赚是没有分别的，重要的是要在便宜区间下手，而不是在大众纷纷离场时也跟着恐慌而不敢进场。

在市场先生情绪主导下的市场中，安全边际的重要性只有在市场先生情绪极度低落的时候才显现无疑。

> 永远记住这一点，没有人可能买到最低价，所以对不论多聪明的买入者而言，中短期内账面上发生浮亏，是投资起始点的常态。

投资唯一要做的是追求绝对收益。收益除了必须与通胀赛跑外，投资可能不应该参加任何比赛，尤其是短跑比赛。

不玩测顶和寻底游戏

巴鲁克曾说:“谁要是说自己总能够抄底逃顶，那准是在撒谎。”到了巴菲特那里，这句话就变成了“市场十分高时和十分低时，我是知道的，其他大部分时间我也不知道市场会如何演变”。

只要仔细体会一下大师的观点，就知道他们并不那么在乎市场的底或者顶究竟在什么点位，也就是告诫投资者不要试图买在底部、卖在顶部。

因为世界是测不准的，所以我不在乎市场的底在哪儿，也不在乎是否买得太早，是否即买即套。

许多人在市场亢奋期间与市场极度低迷期间就睡不着觉了，苦心研究股票和市场涨跌。以正确的研究方法研究企业估值，以期模糊地预测出企业的未来，从而做出正确的决策，这些是我工作时间的全部内容，完全不需要“认真”研究到夜不能寐。

所以在大部分时间里，我只是抱着有良好未来的企业的股权睡觉，闹钟设置在我也知道的“市场十分 High 时”。

正如我说看好中国的金融业，便有投资者曾经问我，中国银行业的放贷是政府行为，并不是市场行为；4 万亿元刺激经济的投资都是由银行发放于铁路和交通建设，经济并没有想象中的那么好，抱着银行股怎么睡得着？

我提醒他，你只听我说抱着金融枕头睡觉，并没考虑我有闹钟，也一定会起床。

我是在上证指数跌破 2 700 点不断加仓时，说出“抱着银行股睡觉”这句话的，我当时的闹钟就信心满满地设定在 3 000 点附近。我认为中国的银行股股价是被美国的银行股所连累，2 500 点时中国的银行股估值一点都不高。事实上，到 2010 年 3 月，很多中小型银行的股价都已远远超过 2 500 点时的股价。

3 000 点时可以考虑离场，但不意味一定要离场，因为 5 000 点可能不久就要跟我们“重逢”了。这是可卖可不卖的阶段，已经买入的就继续持有，关键是流动性要好；没有买的，就不要轻易行动，不如持有现金等待机会。留得青山在，肯定有柴烧。

因为世界是测不准的，所以我并不特别看重大盘本身的波动，反而更看重市场的热闹程度，也就是市场人气。

目前 A 股还远没有到最亢奋的时候，所以我现在已经有的仓位暂时不准备减持，今年 3 月我近观日本，重仓后还可以安心在遥远的平安茶馆品茶就说明万事 OK。但是，现在这个阶段，股票普遍不便宜了，具备安全边际又值得做价值投资的股票已经不多。

敢当逆向投资者

4.2

索罗斯之所以被冠以“投机者”之名，是因为他主要看宏观的世界趋势、市场周期，而不是从微观说价值论投资。

他的趋势投机，胜在可以在很短的时间赚上好几倍。不过，他的旧部维克多·尼德霍夫管理的对冲基金却在 1998 年破产了。尼德霍夫提出过大象理论，又曾撰写厚厚的著作《投机生涯》，算是投机领域里面的顶尖高手。他出事之前十几年的投资回报高得很，但十几年下来只要做错一次就完了。

至于巴菲特的价值投资，虽是赚大钱的方法，但并不是唯一赚钱的方法；索罗斯累积的财富也相当惊人。价值投资也不是最完美的方法，巴菲特当年为了买入可口可乐，就足足等了 15 年才等到价格达到符合安全边际的要求。

我说过，好公司＋便宜价格＝买进。判断什么是好公司，可能相对容易一些；但什么价格算便宜，就是天天不睡觉去研究也可能研究不出什么结果；如何等待或何时出手，更是绝对需要终身学习的事情。

我认为，左手以巴菲特的方法选股，右手借索罗斯的眼光选时，集两者之长而自成一家，最适用于中国市场。

索罗斯的厉害之处，在于其分析透彻、眼光独到。例如 1990 年 8 月两德统一，很多人单纯地以为德国遂将复兴繁荣；索罗斯却认为新德国将忙于重建工作，会相对集中处理自己的经济问题，而无暇理会其他欧洲国家。于是，在英国经济长期不景气的前提下，索罗斯预期其高利率政策不能维持下去，于是在 1992 年大量沽空英镑，一举成名。

这就是趋势和周期的力量，只有把握住其中的变动，才有获胜的几率。

成为把握变动的少数人

同样道理，2008 年 10 月 29 日，我在博客中写下了这样的观点："全球主要国家减息周期开始了。在美元这个超长期贬值周期里，未来全球通货膨胀速度的加快与死亡一样确定。现在起经不起通胀考验的现金将是废纸一张，优质股票才是黄金。去年（2007 年）逃顶者多少，今年（2008 年）抄底者几多？去年顶（事后很长时间后）已经确认，今年底……（或许已经见底而浑然不知！）"

上证指数于前一天最低收报 1 664 点，回头看那天果然是见底，而我竟然在第一时间内写了"底"字，神奇到连我自己都不相信！

我的博客已经开了四年，实际上就是一本公开的连续预言手册与实战记录，预测的对与错、投资操作的对与错均可假以时日不断回顾。我买入、持有、卖出，或者等待，所有理由都建立在对未来的适当和理性的分析预测上，如果没有了对宏观经济面和上市公司基本面的分析预测判断推理，我就不可能在市场中投入一分钱。

在大多数人重仓的时候，我轻仓空仓；在大多数人轻仓空仓的时候，我重仓满仓。这几乎已经成了我所习惯的投资风格。

从另一个角度看，问题的关键在于你敢不敢成为市场里的一小撮“逆向投资者”。

你是重仓满仓盼涨？上面这个关键的“你”，如果代表大多数人，而“你”这么想了，股市基本上在未来一段时间死多活少。你是轻仓空仓盼跌？如果“你”（大多数人）都这么想了，股市基本上在未来一段时间将一骑绝尘地上涨。

股票估值的高与低，我在前面已经讲得很清楚了。而统计清这个愈来愈多的“你”，基本上就能清晰预测中短期市场的走向。

成为少数人中的一个，是在证券市场上盈利的关键。

灾难之后勇于进场

历史上靠投资赚大钱的人，大多数都是“逆向投资者”，在某地区某国家某行业某公司出现问题，甚至在灾难之后敢出重手买入资产的人。

索罗斯是其中之一。20 世纪 70 年代初，美国银行业信誉糟糕、管理落后，很少人沾手银行股。1972 年，索罗斯却发现，新一代从高等学府毕业的专业银行家正着手大力改革流弊；银行股的投资价值被低估，于是果断买入。

巴菲特亦是这方面的专家。20 世纪 60 年代初，美国运通的一家子公司陷入色拉油的骗局，必须承担数十亿美元的沉重损失。这次危机的爆发有可能卷走全部的股东权益，使公司的净资产变成负值。巴菲特却把这次事件看作是股东们的一次性股息损失。

巴菲特知道，现金流就像低息贷款一样重要。在奥马哈，在他经常光顾的罗斯牛排餐馆及其他地方，巴菲特站在出纳员的后面，窥视着收银机的自动计数器，看看人们是否还在用美国运通的信用卡和支票。

他发现商人们依旧在接受美国运通信用卡。由于这些信用卡仍有信誉，美国运通的整个帝国依然完整无缺，于是，他相信美国运通的基本业务不会受到这次丑闻事件的负面影响。巴菲特买下了这只股价遭受重创的股票。1964 年，巴菲特动用巴菲特合伙公司 40% 的净资产，斥资约 1 300 万美元投资于美国运通，买下了它 5% 的股份，当时，美国运通的股票价格已从原来的每股 65 美元跌至每股 35 美元。

如此一来，巴菲特打破了他在一次性投资中使用其合伙公司资金不超过 25% 这一原则，但是，他也因此刷新了在一些大公司暂时受挫时，大胆买进这些公司股票的纪录。在接下来的两年中，美国运通的股价上涨了 3 倍，据说巴菲特合伙公司卖掉这些股票时净赚 2 000 万美元。但很显然，他赚得其实更多，因为尽管有些公开发表的文章说他在两年后就卖掉了这些股票，但巴菲特告诉《奥马哈世界先驱者报》（1991 年 8 月 2 日），他持有这只股票的时间长达 4 年。而在巴菲特买入后的 5 年时间里，美国运通的股价上涨了 5 倍以上，从每股 35 美元涨至每股 189 美元。

以上两次投资经历给我们的启示是：当一门行业或一家大公司突遭挫折时，投资者应该给予积极关注。思考一下在 2008 年的全球金融海啸当中，中国哪些优秀行业和股票有类似的境遇？

细数学习对象

其实，我学习的投资大师又岂止他们两人，比如还有保罗·盖帝。

大家也许不太熟悉盖帝，他是 20 世纪 50 年代美国的“石油大王”，同时投资股票和地产，1957 年 10 月更被《财富》杂志列为美国首富。盖帝认为，当人们情绪恐慌而造成卖风旺盛，就是投资股票的大好时机，这与逆向投资的精神不谋而合。1932 年，当世界经济陷入大萧条最低潮的时候，盖帝却趁机买入潮水石油公司和汽油公司的股票，持有期超过 10 年，中间也没有因为股价波动而卖出一股，反而是逢低增加仓位。最后，有的投资回报超过 100 倍。

保罗·盖帝投资股票的心得就是：好的股票，就是要在低价时买进投资，在价格缓慢变动时继续持有，将来便非常可能因股息和股价上升而带来可观利润。观察整个大局趋势，忽略平常的波动，眼光要着眼于长期，而不必管短时间里的涨跌。

亚洲首富李嘉诚也是因为擅于把握身边擦过的机会，才造就了今天的地位。

譬如说，从 1982 年至 1984 年这段时间，世界经济呈现不景气现象，香港工业步入衰退，加上香港主权回归中国的问题已经摆上了议事日程，中英两国政府代表在进行频繁的接触与谈判。当时，香港股市出现暴跌，地产也一落千丈。外资不愿投资于香港，市民也害怕置业买楼。可是，李嘉诚却偏偏在这个时间大展拳脚，除了继续发展长江实业（00001.HK）的地产业务及股份投资业务之外，其控股的和记黄埔（00013.HK）亦努力拓展各项业务，成为多元化的国际企业。

此后，李嘉诚还收购了大东电报局 4.9% 的股权，打破了英资垄断香港电讯业务的局面；他还开始进军电讯广播事业，为日后发展的“电讯王国”打下了基础。

黄金卖出垃圾价

为什么真正的财富大师，都敢于在市场和企业看起来最不景气的时候大笔买进？

在冷清的市场，优质资产已经打折卖了，黄金卖出了黄铜价。但更多的人依然在等更便宜更安全时再出手，因为此时出手几乎没有人可以幸免于不立即被套，此时投资的外表看起来风险奇高无比。其实这个时期是白驹过隙般的买入良机，你必须克服恐惧，大胆贪婪地买。

熊市末期几乎没有人谈论股票，持有的人也都忧心忡忡，这时候参与淘金的人很少。其实此时正是黄金满地的季节，必须敢下重手买进。

此时我会选择最好的股票。因为在低市盈率的时候找一个好公司进行安全边界之内的投资是一件容易的事，只要克服内心莫名的恐惧就可以了。在牛熊转换的循环周期中，最终能涨到创新高价格的都是优质股。

譬如说，2005 年实施的股权分置改革，对我而言，就是宣布 A 股市场整体打 7 折促销（上市公司股改方案大多为 10 送 3）。经过简单的计算后，我发现许多 A 股比同期的港股要便宜得多，而且人民币升值预期已经在香港率先出现了。中国市场的整体估值出现断崖式下跌，出现了真正的价值洼地，我视之为一个千载难逢的播种的机会，于是重仓买股。

又譬如说，2008 年的金融海啸，是自 1973 年以来影响最大、影响最深远的一次全球性经济危机。在美国金融危机的辐射下，国内投资机构都在贬低招商银行、中国平安这样的好公司；但正如我在前面章节所说，坐拥 7 000 亿元资产的中国平安不会因为投资损失 200 亿元便破产。那么，受到这种“小概率”负面事件冲击的好公司，就是我挑选的最好投资目标。

在熊市中播种

绝大多数投资者都喜欢牛市，因为那时候指数节节创新高，什么股票都在上涨，好像很容易赚钱。我却觉得牛市只是一种病态的亢奋，谈不上美。

热闹的市场就像吴敬琏教授所形容的那样，是个大赌场。市场热情高涨的时候，从来都不适合买入；除非出现调整，热度降低，否则再加仓无异于飞蛾扑火。对我来说，牛市是让利润兑现的一个收割场所，熊市才是让投资者播种的季节。我永远都是按这样的观点来看待熊市和牛市的。

冷静的市场才是黄金矿场，所以我更喜欢可能有点点冷清的熊市。

换言之，只要市场跌到某一水平，进入我的估值标准，那我就买入好公司，也不管指数会不会反弹上升。因为好公司打折出售的时机，可能很多年才出现一次，或只会在熊市后期出现。好公司“出事”，更是数十年一遇，甚至百年一遇，故亦为绝佳的买入点。

举个例子，1999 年成立的蒙牛乳业（2319.HK）一直发展顺利，由一家年赚 3 700 万元的中小型企业，发展至今天年赚近 10 亿元的大集团。岂料 2008 年却发生了“三聚氰胺事件”，让蒙牛的股票一下子遭到许多机构投资者狂抛，股价最低见到 9 港元。这时候，我也是基于同样的考虑，相信这家乳品业龙头不会因此而破产，遂大手买进蒙牛 H 股（见图 4.1）。

图 4.1　买蒙牛于危难时

2010 年 3 月 26 日，蒙牛的股价已回升至 24.15 港元。所以我总不厌其烦地说，买入心仪股票后唯一要做的事，就是安心睡觉。

4.3 测得准 未必赚得到

在媒体上说看涨或看跌，着实太容易了。说对了，就赢尽眼球；说错了，也仅仅是暂时从公众的视线中淡出而已。

索罗斯对于自以为眼光准确的部下，常说的一句话就是："那你建了多大的仓位？"在投资或投机的领域，看对了趋势与赚到了相对应的钱，完全是两码事。

因为"感觉要跌果然跌了"与"感觉要涨果然涨了"，是人人都有过的"第六感"，但在大多数人的记忆里，却更多地是后悔当时没有全部卖出（感觉要跌后来果然跌了）或没敢重仓买进（感觉要涨后来果然涨了）。

2008 年 7 月中旬，我也"异常准确地用嘴巴预测到"油价将要见顶回落，但我没有从中直接赚到一分钱。因为我没有水平也没有胆量在全球人都看涨石油价格的狂热气氛中，大举沽空石油期货。（当时狂热的看涨气氛，与后期看空股票走势的气氛，似乎恰恰相反。）我当时唯一所做的，就只是没有买中石油而已。

在 2008 年 8 月就精确预测到各类商品或全球股市要先后大跌，并重仓沽空付诸实施的人；或 2008 年 8 月看到其后两年半人人喊打的弱势美元，能疯狂地强劲转强，并一直重仓做多美元到今天的人，一定已用最短的时间赚进了天文数字的财富。这样的人一定是超大智慧者（或撞大运者）。

资产贵贱，感觉复杂

“感觉”是“感觉”，行动是行动。要有感而动，才是令人感动与敬佩的行为；否则，有感而发，仅仅是发发感慨与感触，与投资或投机就没有任何关系了。

股市评论员、分析师，以及经济学家的方向“感觉”有时候非常准确，但他们往往没有付诸行动。这是他们没有成为“以钱生钱游戏”赢家的最主要原因，要不然这群人早就转行，改以投资或投机为生了。

更何况，股票和楼房等资产贵与不贵，有时候更可能正好与普通商品的贵贱相反，“感觉”和真实的价值计算完全不同。

比如说，股票涨一两倍、两三倍的时候，投资者会“感觉”涨得太多了，说股票贵了；但当涨了十倍左右的时候，他们却忽然觉得不贵，然后奋不顾身地前去购买。在更高位的时候，更会有权威专家挺身而出，告诉大家股市一点也不贵，让大家更乐意在未来那个高得更加离谱的价格上去买。

又比如说，楼价涨了一倍，投资者就说有泡沫，但持续涨了三倍后，他们却又得出了“再也不会跌”的结论，于是开始蜂拥买房。事实上，2007 年下半年，这样的事已经在国内楼市上演过。

现在股票与楼价是贵还是便宜？你担心股市下跌或深幅下跌吗？目前你怕踏空吗？向上看多少点？向下又看多少点？

如果感觉股票便宜，那你目前的仓位是在更低位时主动买入的，还是在上一轮牛市中大涨买进后套到现在的？主动买的买到了多少仓位？套住的之后又有没有再加仓？仓位是轻还是重？（被动套的重仓与主动买的赚钱中的重仓，同样是重仓，意义却完全不同。）

如果感觉蓝筹股便宜，那么在现在的价格上，你愿意马上买入吗？如果愿意，有没有买到重仓满仓的冲动？

如果感觉房价太高，那是因为你钱不够买不起，还是有足够的钱可以买但嫌贵而不买？这两者意义完全不同，假设你有足够可以买得起一两套房的钱，你现在还嫌房子贵吗？你是怕房价再涨立即买呢，还是感觉楼市要跌，等等再买呢？假如你有几套房在手，又会不会立即卖房获利，而只留下一套自住的？

赚钱不靠嘴巴

嘴巴说说看涨看跌，没有半点难度；但若能说看涨就重仓买进股票或股指期货，或说看跌就去欧美或香港重仓沽空期指，就没有几人做到与敢做了。做到的一定是真正的投资人或投机家；没有做到的，则基本可以归类进股评家。

股评家是靠贩卖经常相反的预测来赚钱的。他们只给其他人提供看起来非常“高质量、复杂、专业”的分析意见与预测，却从不把自己漏夜挑灯、“呕心沥血”研究出来的分析意见与预测，用于认真指导自己的投资或投机；或仅仅用自己的一小部分钱参与赌博式投机，根本谈不上是投资。

只有言行合一（当然是事后证明是正确的言与行），才可能成为股市里“以钱生钱游戏”的赢家；言行脱节，就只能短期用嘴巴赚钱了。在当今信息高度发达的社会中，用嘴巴赚点养家糊口钱，比在股市玩“以钱生钱游戏”要容易千万倍。

看对一次方向不难，难在次次看对方向（或者说“次次看对”简直是不可能完成的任务）；做对一次方向也不难，难在做对方向之后，还要赚到钱，全身而退。金融衍生产品害人的最大地方，就是完全可能让人看对了方向却因做错了而输钱。

比如长期看美元跌绝对是大方向没有错，但 2009 年底美元的强劲反弹，一定消灭了许多看对大方向却做空美元的人。所以说，光是看对方向已属不易，要做对并适时平仓出来“完成任务”，便非常困难。至于连方向都看错的，那更是必输无疑了。

判断市场靠经验

闪电打下来时一定要在场。判断市场不是靠什么大道理而是靠经验，但很多投资者都不愿意相信自己的经验。其实经验本身就是一种标准，但是无论是跌下去或是涨起来的时候，大家都不想用到简单的经验。

在市场意见趋于一致的时候，看涨或看跌的理由往往是苍白无力的。就像 2007 年 9 月时，机构投资者一致看好银行股和地产股，实际上那时的市场已是强弩之末了。又正如我在前面说过的，2008 年下半年我买金融股是看好其防守性，不是说这些股票能涨多少，而是基本上它们已没有下跌的空间了。

到金融股转过头来被大众一致重新看好时，我就要认真考虑是否卖出。至少，不会再增加持有了。

在股市这个看似无序的市场里，不管短期如何受人们的情绪影响、如何随机漫步，只要市场的平均市盈率离开中轴线太远了，它就一定会在未来一段时间往中轴线去靠。这就是市场永恒的运行规律，也是市场自身的发展规律。

> 我觉得在市场上参与得愈多，便愈能对之感应并与之互动，且在脑海中不断形成记忆，下一次市场出现类似的情况时便能做出对比，从而决定是否要离开、什么时候离开更合适。

这完全是一种经验和感悟，与古代的卖油翁相似，并非技艺高超，只是时间长了手熟而已。

回顾历史是为了更好地展望未来，我一向不会死读书，读书是为了实践。如果没有足够的时间阅历，是得不到这样的判断的。在香港 1997 年红筹股泡沫、2000 年全球科技股泡沫、2008 年金融海啸的过程中，我不断以历史和实战经验作对比，并不断总结出市场特点。

投机是艺术

我是从中国股市的枪林弹雨中活过来的人，故曾自嘲为“股市不死鸟”，但我学习的另一个对象却是真正的“股市不死鸟”——科斯托兰尼。他在德国投资界的地位犹如美国的巴菲特，被誉为“20 世纪股市见证人”，一生以身为投机者而自豪，认为投机是艺术而非科学。

“买入时要浪漫，卖出时要现实，在两者之间要睡觉。”这是科斯托兰尼的一句名言。在他眼中，股价升跌，只是反映供求变化而已。供过于求，股价便跌；求过于供，股价便涨，其中并无神秘，亦不用刻意解释。

科斯托兰尼形容股票玩家，就像一群在一池混水中钓鱼的人，他们一边钓鱼一边说大堆无意义的废话，池水就这样被搞得愈来愈混浊了。他们最爱胡乱预测行情或未来走势，与江湖术士无异；但传媒却推波助澜，继续散播这种“股市智能”，使消息更加混乱。要是股市的短期变动那么容易就被看透，就不叫股市了。大多数人往往都在股价变动之后，才急忙找出个中原因。这无异于马后炮。

科斯托兰尼赚大钱的秘诀，在于相信自己对市场的感觉和分析，并敢于适时行动，甚至不惜逆市操作。他提出的投资十戒，相信不论对投资者还是投机者，都有很高的借鉴价值：

· 不要跟着建议跑，不要想能听到内幕消息。

· 不要相信买方和卖方为什么要买卖，不要相信他们比自己知道更多。

· 不要想着把赔的再赚回来。

· 不要考虑过去的指数。

· 不要忘记自己所持股票，不要因妄想而不作决定。

· 不要太过留意股价变化，不要轻易对风吹草动作出反应。

· 不要在刚赚钱或蚀钱时作最后结论。

· 不要只是想要赚钱就卖掉股票。

· 不要受政治好恶而影响投资情绪。

· 获利时，不要太过自负。

“以钱生钱”是人生终极的投资理财正道。只有在这个“以钱生钱”的游戏中，不断赢下去，才能获得财富自由并赚到时间，来享受生命所带给我们的更多乐趣。

我相信，只有坚持实践理性的价值投资，并学习投机者把握时机的灵活策略，便能享受到复利的“阿基米德神奇效应”给我们带来的超级财富果实，让我们每个普通民众都能稳定地获得财产性收入，走上一条真正宽广的财富自由路。

定时醒来卖股票

4.4

媒体有时候称我为“复制巴菲特”，因为我坚持选股与估值的重要性；但有时候他们又称我为“中国的索罗斯”，因为我在 2007 年下半年的股市高峰中全身而退，又在次年下半年进场抄底。

索罗斯不相信市场永远有效，也不相信投资者能保持理性；我也一样。今天回头看，在 2007 年下半年绝对昂贵的市场中，买入相对便宜的“打折”资产，一样会形成巨大的潜在风险。牛市里的洼地，比熊市里的高原还高。

“知止”是牛市里最应该牢记的古训，尤其牛市末期过分热闹的时候，市场风险更是非常大。当看到大市值股票不动、三四线股票乱窜、小道消息遍地飞的时候，这个市场已经暂时没有什么甜头了。当周围的人似乎都很容易赚钱的时候，诱惑可能会战胜谨慎的心理；作为理性的投资者，我们根本没有必要在此时冒很高的风险，来进行赌博式投资。

热闹的市场中大打折扣卖的东西一定有人抢，如海通证券 (600837.SH) 于 2007 年 11 月定向增发时，当时海通的股价约 60 元，于是增发价格就由 13.15 元跟着提高到 35.88 元，而且一个增发单位就是一亿股，钱少者免谈，结果还是不乏抢购者。这一次的最后结果再次证明了“有钱人好赚钱”是个荒谬命题。一年之后，增发股解禁时，股价竟然跌到了增发价的一半，多少机构泥足深陷（见图 4.2）？回头再看，最初的增发价其实已经被高估。但标高价格然后打折卖的东西总让买家有有利可图的“良好”感觉，类似的故事片几乎天天在证券市场中上演。所以“老婆说，人多的地方不要去”，是个寓意相当深刻的故事。

图 4.2　多少机构为海通证券折腰

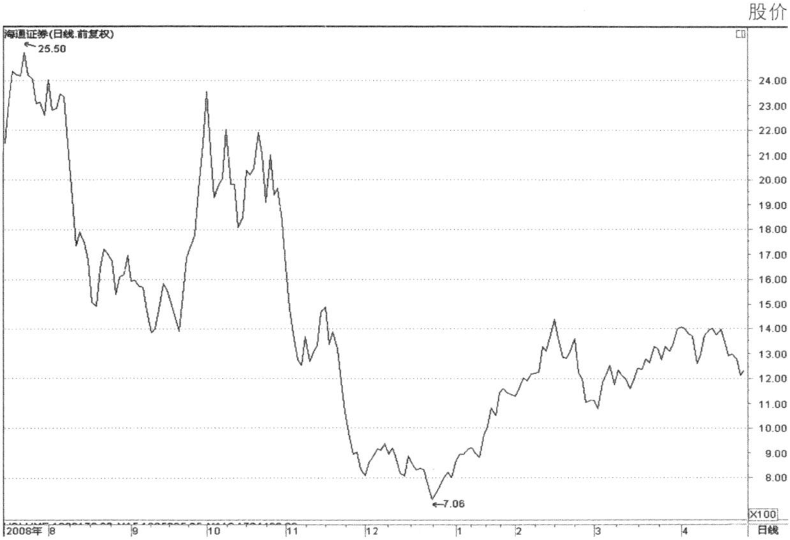

绝对高的安全边际，是一切投资的绝对生命线。在牛市里怎么强调都不为过。

市场一次又一次地告诉我们，机会犹如不断开进站的地铁，永远有人少而不拥挤的下一班车。熊市里有一趟接一趟空荡荡的地铁，你上车后甚至可以躺在座位上睡个好觉，而且睡醒后唯一可做的事情就是数钱。永远不要在牛市中挤上一班人已经很多的地铁！

甘当“胆小鬼”

我自认为是一个“胆小”的投资者，只有在价值低估区间才变得胆大，敢于买进一些觉得可以持有一辈子、可以“结婚”的股票。不过，如果涨幅超过预期，我也会择机卖掉。在低估值走向高估值的市场转化进程中，我大多数时间均是等待。

到底什么是胆大？什么是胆小？我发现对于证券市场参与者来说，胆子大小竟有两种完全相反的定义。我称之为证券投资领域的“胆量相对论”。

定义 A　胆大：在熊市末期入市，甚至敢于贷款入市；

胆小：在牛市末期不断卖出，因为股价太高（市盈率太高）而不敢买了。

定义 B　胆大：在牛市末期贷款入市，股价再高（市盈率高）也敢追；

胆小：在熊市末期卖出，怕股价继续跌。

“股市不死鸟”科斯托兰尼以前者来定义胆量，但中国大部分投资者的胆量却以后者来定义。总结我十多年在国内和香港的投资体会，那就是：在中国证券市场上买卖股票，冷清时，买对，不买也对，卖则错；狂热时，卖对，不卖也对，买则错。

我在任何时候都重申，资产安全永远应排在第一的重要位置。所以必须小心驾驶，保持谨慎并尽力减少犯错。

当目标公司跌到我的估值标准以下时，就是连续下跌的飞刀我也敢玩；但其余时间，我甘愿做一个“胆小鬼”。

波动不是风险

许多金融机构的风险控制部门，在评价投资风险时，都习惯用很多量化指标和复杂的经济学术语。我并非科班出身，真不明白太复杂的公式，但好歹也是理工科出身，数学方面的评估指标，还是一看就能明白。

量度风险，最常用的指标就是前文提及过的贝塔值（β）。如果股票的净值波动与市场同步，贝塔值就是 1；如果股票的净值波动是市场的两倍，贝塔值为 2；如果股票的净值波动是市场的 70%，贝塔值则为 0.7，以此类推。用这个方法评估风险，得出的结论就是贝塔值愈小，风险愈低；贝塔值愈大，风险愈高。

直观上看这个评价标准似乎很正确，但它仅仅是与鹅毛、石头同时从一样的高度往地下掉，重的石头先落地、轻的鹅毛后落地一样直观而已。对于该指标得出的“波动大等同于风险大”的“科学”结论，我实在不敢苟同，只能一笑了之。

我认为风险与市场的指数涨跌无关，与股票价格波动的剧烈程度也完全无关。我自己的定义是：“风险与未来一段时间内股票能够产生利润的肯定性成反比。”

企业未来赚钱的可能性愈大，这项投资的风险就愈低；反之则风险愈高。

投资于一家仅有投资项目计划书或刚开业不久的新公司，未来能否产生利润的不确定性相当高，所以天使投资或早期投资属于高风险投资；相反，投资已经正常经营了十年甚至更长时间的上市“老”公司，风险就相对低。

这是常识范围内容易理解的事情，也是价值投资人对风险的正确而直观的解读。

波动是证券市场每天发生的、再正常不过的事情，没有只涨不跌的股市，也没有只跌不涨的股市。踏准每个波浪，可能只有顶尖冲浪高手做得到，万里挑一。

说实话，我完全喜欢也更愿意接受高贝塔值的挑战，宁愿让净值为 1 的资产经历高贝塔值的上冲下突最终升值为 3，而不喜欢四平八稳地将净值升为 1.5 的低贝塔值投资，比如国内市场未用杠杆的债券类投资。

现在可以说了，2008 年上证指数 2 700 点以后我所做的新一轮的投资，颠簸不小，β 值很高，但它们都属于风险非常低的理性投资。至于回报高不高，现在已经有了部分答案，我依然继续有足够的耐心等待市场做出的更进一步的评分。

这是否说明其实我的胆子也很大？

EXIT ！随时预备着

无惧波动，是为随时离场做好准备。

1997 年上半年亚洲金融风暴前夕，我有幸在香港近距离听新加坡富商黄鸿年传授证券市场投资真经。他是我在资本领域的启蒙老师，我对他不断重复“EXIT”一词留下深刻印象。他强烈的退出意识，对我的投资风格有着显著的影响，也是我日后多次能果断离开市场的一个原因。

直至遇上黄鸿年，我才知道原来有人从买公司那天起，就已经准备随时脱手，将资产卖个好价钱；如果看不到清楚的出口，根本就不会投资。他当年投资杭州轮胎、福建国企群的时候就是这样，与当年其他外商的思路有很大的不同。杭州轮胎几年后在美国顺利上市，的确让他大赚特赚了一笔。

事实上，世界上值得永远持有的股票真的不多，好股票无论有多好，但只要其价值被严重高估，就可以考虑卖出了。

2007 年当我卖出万科 A 和招商银行时，有人就认为我不是价值投资者了。

卖出股票，不代表着我不是价值投资者；巴菲特也会卖出股票。我不认为好公司在任何时候都一直会涨，好股票无论多优秀，也不是在任何点位都可以买入的；投资者只应在其股价低于内在价值的时候才应该出手买入。

况且企业也有自己的生命周期，如果上市公司已过了高速成长期，它的股价更可能会盘整几年至十年之久。

我经常举两个例子，包括香港的汇丰控股和内地的中集集团（000039.SZ）。它们都是很优秀的公司，但好公司并不见得会一路不停地涨。汇丰控股过了成长期之后，股价已经 10 年不涨。如果股价不涨，价值投资的口号就是喊得再响亮，也没有人会愿意听。

离开“大众情人”股

万科 A、招行、中国平安、蒙牛等股票，我都是在大家并不看好时买入的。优秀公司只有在大家不看好时去投资才可能取得优秀的回报。如果股票已经成为热门股，成为“大众情人”股，我的经验是：应该暂时离开它们。

因为它们那时的估值一定与大众的热情度一样，也是高估的，根本不需要去进行什么复杂计算。未来一段相对长时期盘跌或平行盘整的价格线将消化掉作为热门股时形成的市盈率溢价，通过这些优秀公司未来的增长来降低它们曾经高估的市盈率水平。

真正优秀的上市公司出售的是能不断满足人们眼下需求、性价比高的商品，给予投资者的是长期不断波浪式上升、不断创新高的股价，以及相对低市盈率的长期估值区间。因为优秀公司几十年长期增长率平均下来也就是年均 15% ～ 20%，市盈率在 18 ～ 20 倍附近是再合理不过了，这中间已经包含了给长期优秀公司的市盈率溢价。

其实，只要有足够的耐心，每个人均有机会在低市盈率区间再次买到这一类优秀股票，熊市就是提供这样机会的季节。

至于垃圾股，就没有那么“好彩”了，唯一的出路就是通过不断下跌来满足熊市中市场冷清时市盈率对全体股票一视同仁的排序需要。垃圾股沾不得的主要原因就在于此，牛市中潮水未退之前，绝大多数人一直在进行着并不体面的裸泳而自己浑然不知。

触发出售的条件

股票到底要不要卖、什么时候卖，我主要考虑三个触发条件。

第一个条件，假如我发现了更值得买的公司，但手上没有现金了，就只有卖出部分持有的股票。通俗一点讲，这是非单一投资品种之间的套利，甲的价格太高我就买乙，与传统的套利方法不同。

第二个条件，假如我感觉公司基本面有转差的迹象，如每股收益将来会下降，甚至出现业绩亏损；又或者公司的前景出现问题，股票不能再拿了，我就不管这只股票在前一段时间是涨还是跌，都会理性地选择卖出。

第三个条件，假如我投资的那家公司的价值明显被高估，市盈率愈升愈高，我都会考虑卖出。估值如何算高如何算低，这个见仁见智，没有标准答案。不过，当下次大牛市重临，股价全面涨起来，而且涨得特别不合理，连蓝筹股的市盈率都在 40 倍、50 倍，那时候就是我再退出的时间了。

只要手上的股票没有触发上述三大卖出条件，无论指数怎么走，我都不会贸然行动。

事实上，我每次买入股票时都想着，如果股价不涨的话，我就一直持有。比如招行，我买的时候就认定它是能够持有一辈子的股票，但不到两年它已涨得太离谱，严重超出价值区间。这时我还有什么理由不卖呢？

EXIT 就是给我们在这个时期使用的。从买进的第一天起，就是一直等着高价卖出的时机到来。

第五章

追随“中国行情”

CHAPTER FIVE

行路难，行路难！多歧路，今安在？
2008年10月摄于肯尼亚马赛马拉草原

我个人比较乐观，从不相信世界经济会有什么二次探底之说。从全球范围看经济发展势头，未来中国是“最好”的地区，怎样才算“最好”？我的定义是：一是能赚钱，二是赚得多，三是赚得快。这三个要素都满足，就是“最好”的地方。

不独我看好中国，国际热钱亦正全力涌进中国资本市场。

中国原是个封闭的新兴市场，但在各国经济实力此消彼长的情况下，中国正逐步与世界接轨。在这个过程中，中国市场免不了要忍受外围拖累的阵痛，亦要勇于稳步改革。例如新推出的创业板市场和股指期货可能会带来短期影响，但长期来说，那是向国际市场看齐的重要一步。

不过，市场万变也不变我们对价值投资的坚持。人民币升值预期与通胀预期的“双轮驱动”，将成为未来中国投资市场的主旋律。投资者必须看对这个大方向，才能寻找到相关的优秀企业，再以估值选股，伺机买入。

再见 3 000 点之后，我认为现阶段已经进入牛市初期往中期的过渡阶段，未来的行情将是在忧虑中不断创新高。牛市初期投资者的心理特征是，多数人往下看，认为指数还会下跌。但是，三年之后，你会觉得现在这个点位其实很低。在这个过程中，5 000 点也会再现，6 000 点也不是没有可能。

未来的中国经济是有可能走独立行情的，这是未来几年确定的事情。但是这个过程会非常反复，因此这期间依然有许多机会会出现。

我庆幸生于这个年代，让我遇上中国经济飞跃的年代，又让我抓住 2008 年金融海啸以后 35 年一遇的大好投资机会。在我们这一代，超英赶美已不再是梦想。

投资机遇已在中国遍地开花，国外的投资者均已逐香而至，我们面对这样一个就在家门口的创富机会，又怎能错过?

5.1

35年一遇的机会

经历金融海啸一劫之后，很多投资者都动摇了对未来的信心，不敢进场。可是，只要回顾香港股市历史上的 10 次涨跌，投资者或许能得到一点启示：每次大跌以后，都是宝贵的买入机会。

第一次是 1974 年的石油危机，当时全世界经济陷入大衰退，香港的恒生指数跌到 150 点，每天成交量只有 900 万港元。但不到两年，恒生指数升了 3 倍。

第二次是 1976 年毛泽东逝世，恒生指数跌了 20%，由 400 多点跌到 300 多点。两年后恒生指数升了 5 倍。

第三次是 1983 年港币大贬值，当时港元汇率从 1 美元兑 5 块多港元跌到 1 美元兑 8 块多港元，还传说港币会继续贬值，将跌到 1 美元兑 20 块港元。那一年发生了很多事情，不少外资企业撤出香港，恒生指数由 1 800 多点跌到 600 多点。其后恒生指数却升了 6 倍。

第四次是 1987 年全球股市暴跌，美国股市一天暴跌 22%，香港停市 4 天，恒生指数从 4 000 多点跌到 1 800 多点。两年之后，恒生指数却升了 2 倍。

第五次是 1989 年，恒生指数由 3 300 多点跌到 2 000 点，但其后反弹 1.5 倍，收复了失地。

第六次是 1990 年伊拉克攻打科威特，但股市在战争开打以后的 3 年时间里，升了 4.5 倍。

第七次是 1995 年霸菱事件，当时股市也是大跌，其后恒生指数升了 2.5 倍。

第八次是大家还记忆犹新的 1998 年亚洲金融风暴，发生国际大鳄攻击香港联合汇率、港基银行挤兑、百富勤倒闭等一连串事件，股市也是暴跌，错误得离谱。之后股市由 6 000 多点升到 18 000 多点，涨幅约为 3 倍。

第九次是 2003 年 SARS（“非典”），恒生指数后来从 8000 多点的低位，升到 30 000 多点。

而第十次，就是刚过去的由美国次贷危机引起的金融海啸……

财富就在家门口

历史就是重复，但不是简单的重复。为什么不是简单的重复？因为总有人坚定地认为，我们的这一次有别于历史上以前的 N 次。涨的时候，他们说还可以再看涨，因为我们现在的经济特别好，所以还会涨；跌的时候，他们又说还可能再跌，因为我们现在的经济特别差，所以肯定还要跌。

2007 年的时候，谁都说经济基本面特别好，许多企业的盈利水平都创了历史新高；只不过一年多以后，又变成了地球人都知道全球的经济基本面特别差。

别人看短期能不能涨，我们却看长期的增长潜力。若论未来的经济增长潜力，中国应该是全球最好的地区。怎样才算最好？就是不但能赚钱，还比别的地区赚得多、赚得快。中国就是这样一个三个要素都满足的地方，但这是一个长期的过程。

事实上，国际的超级投资者都正摩拳擦掌。2010 年初，巴菲特公开表示看好中国市场，认为未来 10 年中国股市必将是世界之最。罗杰斯绕着地球跑了一圈以后，同样认为还是“中国好”。

索罗斯也对中国表现出了浓厚的兴趣，2009 年 6 月更是亲自来到中国寻找机会。索罗斯认为，金融海啸显示全球经济重心已由美国转向中国，中国将成为危机的大赢家，甚至将成为未来的“金融帝国”。2010 年 1 月，市场有传闻，索罗斯旗下的基金计划在香港成立研究机构，并且在北京设立代办处。这可能反映了国际对冲基金流向 H 股等中国相关资产的大方向。

我曾笑说，你可以错过与索罗斯一起阻击英镑的赚钱机会（因为已经错过了），但索罗斯这次看好的是中国市场，是一个如此近距离、确定在家门口的大机会，我们又岂能错过？

买到历史底部

所有看错方向的投资者，都已付出代价。例如德国第五大富豪阿道夫·默克勒，在 2008 年 10 月因沽空大众汽车而惨败，最终以卧轨自杀收场。大众汽车的收入主要来自中国，沽空大众实际上就是看空中国。实际上，默克勒是选错了沽空方向，等于是卧轨在中国的高速向前的列车轨道上，想不输也难。

“赶英超美”对我们这一代来说已不是梦想，英已超，美在赶；当然，这仅仅指 GDP（国内生产总值）总量，人均 GDP 可能 100 年也赶不上。虽然中国占世界经济的比重不算最大，但世界经济正在中国的作用下缓缓向前。

看好中国，肯定是正确的大方向；而如何去分享中国经济未来的确定性增长，则是全球每位投资者和投机者面临的挑战。

大多数“聪明人”都想买了股票明天就上涨，我做不到这一点，也不奢望以后能做到。

真正的投资也好，真正的投机也好，从本质上说都是套利。伟大的投资者和投机者的套利时间均以年计，短期的波动对他们来说根本不算什么，他们连眼睛都不会眨一下。

2008 年下半年，我重新进入 A 股市场时，就做好了被套 12 个月的准备。我之所以重新进场，是因为个人比较乐观，不相信什么世界经济二次探底之说，反而深信 2009 年就是巴菲特所说的应该“贪婪”的时期。

尤其是中国的大金融板块，我认为不会迅速衰退或者进入亏损年度，而是判断它们的盈利或倒退或轻微增长。几乎所有国内研究金融的研究员也都是这样判断的，但他们害怕盈利倒退，因为如果这样，金融股的市盈率来年将会上升，对股价有压制作用。但我的判断是，即使是盈利倒退，也会将市净率降下来，对股价应该有支撑。

但那个时候，大家并不买我的账，市场更不买我的账，我的“一买就套”让我像迟到被罚站的小学生一样丢面子。下跌的时候买入股票是没有“正确”理由的，“买入就套”等于是在告诉大家买入是错的。

我当时的感觉是，又回到了 1973 年。1973 年之后的牛市有多大？全球都是牛市。将来回头看，那时买入一定是买到了历史的底部。所以我认为，这是自 1973 年以来 35 年一遇的大好投资机会，或者说在我这一辈子都不一定再有机会碰到这样的下跌了。

如果真觉得买股票没有把握，那么最简单的投资就是择机买入指数型基金。

双驱动力推进新高

特大的机会，都需要耐心的等待。从 20 世纪 30 年代的世界经济大萧条，到 1973 年全球石油危机，大概是 35 年左右；而从 1973 年到 2008 年金融危机，仍然是 35 年。

这个过程可能非常缓慢，为时也会很久。2008 年已经过去，但以后还有可能出现更多更好的大机会；1973 年至 2008 年之间也有许多大大小小的升跌起伏。因此投资者还有时间慢慢地发现，当下有什么样的股票值得被看好，什么样的企业前景较佳、盈利有保障有增长。

许多投资者以为买股必须买在底部或抄到底，以为错过了 1 664 点的低谷便不能再买。这是完全错误的观点。再见 3 000 点之后，我认为市场已进入牛市初期往中期的过渡阶段，未来的行情将是一个不断创新高的阶段。

牛市初期投资者的心理特征是，多数人往下看，认为指数还会下跌。但是，三年之后，上证指数上摸 4 000 点的概率，肯定大于下探 1 000 点的概率；届时你会觉得 2010 年初的 3 000 点其实很低。

在这个不断创新高的过程中，5 000 点也会再现，6 000 点也不是没有可能。如果 3 年后上证指数上摸到 6 000 点的水平，投资指数基金都能够翻一番，年均复利收益率已经比巴菲特还要高。

牛市上涨的动力永远来自两个方面，一是业绩提振，与几年前相比，中国上市公司的质地更让人放心了。二是估值愈来愈高，提前反映未来的增长预期。尤其是经济前景不明朗的时候，估值反而会上升，这让许多经济学家百思不得其解。其实当经济前景真的越来越明朗，全面向好时，市场的估值反而会下降，原因在于，经济繁荣一定对应着较高的利率水平，而高利率对股票估值向来都是一剂毒药。

当然，如果市场整体比预期中涨得快，而且涨到特别不合理的市盈率水平的时候，投资者反而应该考虑逢高退出。

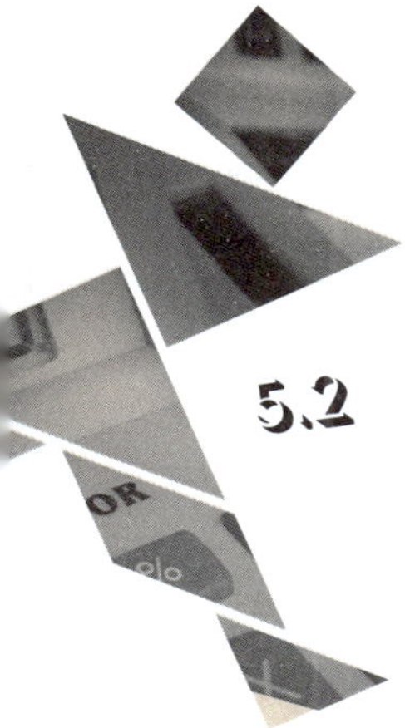

5.2 今非昔比，接轨世界

2009 年 10 月初，苏富比拍卖一件乾隆朝紫檀龙纹大宝座。为求善价而沽，苏富比提前了几个月就开始宣传，更不惜血本地印了两本图录。

拍卖刚开始之时，所有买家都扭扭捏捏地不肯出价，冷冷清清地从 1 500 万港元叫到 2 000 万港元，直至一名买家一声高呼 3 000 万港元，才掀起序幕；近 20 个买家陆续杀入，而且基本上是中国人。几分钟后，宝座以 7 600 万港元的高价成交，加上佣金共 8 578 万港元，创出中国古家具拍卖成交价的世界纪录。中国人扬了眉，外国人吐了气。

中国国有与民间资金相加后的实力之强大，气势之咄咄逼人，versace、LV、苏富比等经营奢侈品的公司，有最真切而直接的感受。

很多人可能会想象美国纽约、英国伦敦有多好，但出国一趟回来后你会发现北京、上海比它们牛多了，在大城市里稍微好些的餐馆吃饭都需要排队。外国航空公司推出促销活动，北京到伦敦来回机票才 3 000 多元，但我从深圳往返北京的机票也得花上 3 000 多元。谁说中国经济不行？

有些人的眼睛仅在上证指数的短期涨跌上转圈。当市场跌了，就仅看到巨量大小非解禁与新股上市、增发、扩容，看到经济的不确定性；当市场涨了，就只看到信贷资金违规炒股、境外资金借道入市，等等。这基本上都属于盲人摸象。

要准确度量今日中国财富的多寡，我们要把目光放到天平的另一边，去看更广阔的资本市场（包括股票市场、黄金贵金属资源品市场、房地产市场和收藏品市场）。中国早已今非昔比，非但绝对不缺银子，更是很不差钱。否则，眼下一宗接一宗的大型增发和 IPO 找谁去买单？

钱塘潮涌不降海平面

根据统计数据显示，截至 2009 年 12 月 25 日，沪深市场的融资额达 4 671.5 亿元，超出 2008 年的 1 136 亿元，创出历史新纪录；其中有 111 家公司完成 IPO，融资额达 1 790.5 亿元，是 2008 年的 1.73 倍。

要知道，A 股市场的 IPO 从 2009 年 6 月底才重新启动，但半年的融资额不仅远超过 2008 年全年，还差点儿成为全球 IPO 最大的资本市场，仅次于香港市场。据媒体称，中国企业 IPO 的数目已多于北美和欧洲的总和。

在我看来，彼消此长应该说是挺正常的事情。

一个国家的经济发展一定会体现在多重指标上，而且陆续出现超越前期强者的现象，IPO 融资总额就是其中之一。中国 IPO 的活跃，不仅表明中国证券市场恢复了强大的融资功能，实际上也体现了中国经济的活力。

有人担心 IPO 密集，会令资金产生分流。但我的观点是，中国资金非常充裕，IPO 的重启好比钱塘江潮涌，肯定不会带来海平面下降的结果。试看想象一下海水的容量吧！

静态地看，市场一定是自平衡的，有供给一定是因为有需求，一个巴掌拍不响。中国股市 IPO 募集资金高歌猛进，而且发行市盈率居高不下，一定是因为有非常多的有钱人愿意花高价买新股。如果能筹募的资金不多，谁稀罕到你这里来发行上市？就算国际板开了，也会门庭冷落。

IPO 加速融资还有相当的好处，就是可以让资金“排洪”。否则，需要投资的资金无处投放，反而会进一步推动房地产等资产的价格进一步上涨，让资产泡沫发生得更猛更快。

墙里开花墙外香

中国是个年轻的资本市场，原来完全远离世界，是个自娱自乐的封闭市场。那时候，人们都闭着眼睛炒 A 股。

后来，中国市场中间有了一个用纱布塞住的连通器，人们才半眯着眼睛炒 A 股。到今天这个连通器的阻塞作用开始变得越来越弱了，通过香港与全球市场连接（QFII 早已实施，QDII 已经放行），相当于连通器上开始出现小孔，投资者便不得不睁开眼睛投资 A 股或 H 股。连通器两边的水位在不断接近，高的水位慢慢降下来，低的水位会慢慢涨上去，A 股与 H 股的比值也不断创出新低。

2000 年的时候，我离开 A 股市场去投资香港市场的重要原因，就是看中 H 股的价格对同股同权的 A 股出现折让。10 年后的今天，市况逆转过来，国内的股票反倒开始有折让，许多大市值的中资 H 股却出现溢价。真是此一时彼一时啊！

难道是今天的国际投资者不懂中资股的定价了？谁最对中国的未来更有信心？我只能说，墙里开花墙外香。

要说国内资金流动性泛滥，但说到底也只不过是河水，再泛滥也泛不过充斥国际资金的海水——就是邻近的香港 H 股。

> H 股出现溢价，充分说明了全球资金涌向香港这个中国经济的桥头堡；H 股与 A 股市场的连通器水位高低，亦已经暗示了主流中国资产价格的方向与未来。

以后中国人还要睁大双眼环顾全球证券市场。全球化自由市场经济基础的连通器，就是用来连通各国和各种资产市场的价值与价格的。这种比较，是从全球范围来进行的。再不识货的买家，在货比两家甚至三家之后，总会慢慢学会购买性价比高的货品。

虽然世界的变化总是十分缓慢，与孩童长大的过程一样，天天看你看不出什么明显变化，可是一两年过后，什么变化都看得清清楚楚了。

目前中国还是一个相对封闭的市场，打通它与国际市场的连通器，绝对不是一天就能完成的过程，但我坚信这个日子不久一定会到来。投资就是在连通器打通之前，在两边水位一致之前就到低的地方去，当那边水渗过来的时候，你自然就浮起来了。

人往高处走，水往低处流。广东人以水为财，我也以水来比喻财产配置：哪里市盈率相对低我们就往哪里配置资产，这是近十年来我一直重复在做的事情。从全球市场资产配置的角度来看，今天部分 A 股的吸引力已经不言而喻了。

股指期货加速市场运动

2008 年出现的状况，只是中国与国际市场接轨过程中的阵痛。顺利接轨之后，中国市场还是会按照全球的规律涨跌起伏。

届时内地股市的平均市盈率的中轴线可能会因此下降，但下降多少谁也不能肯定。我自己的判断还是会平均比香港贵一些。所以目前有哪些 A 股还比香港的 H 股便宜，就是很明显的潜在的投资机会。

以后还会出现很多事件性的机会。例如已经正式开始交易的股指期货，虽然迄今还没有人能断言股指期货带来的影响，但我认为它并不改变市场原来运动的趋势，而是会加快往原定方向运动的速度。

譬如说，当市场在 2 500 点的时候，说看空的人有很多，但他们只是动口不动手。口头看空很容易，但有多少人胆敢拿真金白银在全世界公认的低估值标准区间里出手？股指期货的推出，可分辨出嘴巴看空和真敢做空的人。

另外，股指期货还有价值发现的功能。股指期货的诞生将导致未来指数的双向波动更加剧烈，对低估的股票有往上提振的作用，对高估的股票则有往下的牵引力量。

对于中国这个新兴市场而言，股指期货更有放大市场上冲下突的影响。短期会增加市场波动，但长期则会减少市场震荡幅度，让市盈率的波动区间逐步收窄。

创业板使“庄股”横行

2009 年 10 月 30 日正式推出的创业板，亦是中国市场与国际看齐的重要一步。

创业板推出的初期，可能会让蓝筹股继续受冷落。2009 年 10 月，28 家创业板公司发行新股的市盈率平均为 53.07 倍；2009 年 12 月，第二批 35 只创业板新股的发行市盈率平均升至 64.70 倍，有的甚至超过 100 倍。

创业板的小股本特征，必将造成中国股市未来再一次“庄股”横行；创业板股票的成长特色，也为庄家提供了足够多“往上做”的借口。

可是，我们不用害怕创业板，更不该一味抨击投机逐利的人。推出创业板，中小板会火起来，是意料之中的事。目前一百多只创业板股票，相对于主板新股或蓝筹增发所募集资金总额相比，不过是儿童游戏中的虚拟筹码而已，仅仅可为相对平静的市场增添些乐趣，根本不足以分流主板资金。

5.3

资本流动的主旋律

这一轮全世界的眼光，会聚焦在以中国、印度为代表的亚洲地区。就像电影《2012》一样，开头是印度，结尾是中国。

2010 年到 2011 年将是全球分享亚洲区资产泡沫的时候，全球的资金都将涌过来。中国市场成为全球投资者乐园的时候，也早晚会到来。

历史上，旺盛的经济体里的本币一定会升值。这是规律。

世界银行行长佐利克曾说，如果美国不能很好地处理贸易和财政“双赤字”问题，美元就有可能失去世界主要储备货币的地位。而鉴于中国经济的增长趋势，以及国家对人民币国际化所作出的努力，在未来 15 年内，人民币有可能成为替代美元的国际储备货币之一，使全球经济更均衡地增长。

对于人民币汇率，西方政要总爱指手画脚。如 2009 年 12 月，美国参议院多数党领袖便致信中国国家主席胡锦涛，说人民币汇率偏低打击了美国制造商和出口商，并给中国带来通货膨胀压力和资产泡沫，呼吁中国大幅重估人民币汇率。

不过，国务院总理温家宝却在 2010 年 3 月“两会”结束后的记者会上，以数据强调人民币的币值没并有被低估。

以多个角度来思考市场，我们可以得出一个结论：当全球的热钱来袭，当下的中国正在上演现代版“水漫金山”，强劲的人民币在短期内就算不会升值，也没有任何贬值的可能性。

人民币内贬外升

问题是，投资者该如何利用地球人都知道的信息，来增值自己的财富？

赚钱就是要找确定性的机会。1997 年亚洲金融风暴，港元面对被高估的压力，于是香港这个自由经济市场就通过资产的价格暴跌，来释放汇率压力。

同样道理，既然人民币短期只有升值而没有贬值的可能，人民币兑美元的汇价又通过国家有形之手按住不动（近一年多以来差不多成固定汇率了），那么，人民币相对美元被低估的压力就会挤出一个释放口，通过主要资产（如物业和股票等）价格的上升来释放。那么，持有人民币的资产就是安全的，而持有人民币资产里的便宜资产，则更为安全。

正如前文所言，中国资本市场不差钱，加上西方对人民币升值的预期，吸引外资大把大把地流入。香港证券市场“水浸”便是源于此，内地房地产、股票资产价格的先后走强也是源于此。资产价格趋势向上的下一步，必然是通胀、通胀预期或通胀再预期。

通胀是风险，是购买力下降的风险，是人民币对内“贬值”的风险。每个中国人都面对一道两难的选择题，投资股市或房地产可能会赔钱，但不投资肯定要赔钱。

资金总在不同的资产之间进行选择，哪里的潜在收益高就去哪里。在如今的低息环境下，我们应该把现金存在银行，还是选择股市呢？这不仅是投资，也是人生成败的关键。

以中期来看，假如人民币对内贬值、对外升值是必经之路，由此也必将引发一系列蝴蝶效应。我正耐心地等待蝴蝶翩翩起舞……

抗通胀，保资产

通胀不是阴谋论，通胀只是因为没有办法不通胀。2009 年 10 月 21 日，国务院常务会议已经首次提出管理通胀预期，中投已带头行动，在全世界范围内购买资源，增持三大行。难道你还可以无动于衷，将通胀预期当成假的，以为是翻拍年画的陕西农民“周老虎”吗？

2009 年有一段时间，我总在自己的博客里聊聊与股票看似无关的地王拍卖、中国财富、奢侈品拍卖等。当时许多人都不明白为什么，直至股市涨到很高以后，这些人可能才会明白各种资产间的互动关系公式：

现金多＋资产少＝资产价格上升

从今时今日起，你可以跑不赢复出后的刘翔，却千万不能跑不赢已经大幅度挤过水后才公布的 CPI（消费者物价指数）。

抗通胀、保资产的比赛，现在正在进行时。

中国经济向好，从来就是一个缓慢的过程。现在中国市场可能还不具备让估值迅速提高的经济基本面条件。市场自身亢奋完成有一个周期，而目前人们对投资股市的热情程度亦仅为37.5℃左右（纯属个人感觉，别问是如何测出来的），还没有到亢奋的阶段。整体资产价格处于安全范围，尤其是主流蓝筹股，尚处于历史上相对较低的价格区间。

我一直只对处于低估值区间的蓝筹股才抱有极大的兴趣。一旦脱离这个低估值的区间，买了的我会继续持有；如果还有现金，宁愿等待下一个机会出现，也不轻易在某个点位或者价位进行增持。（持有与买入是两个完全不同的概念，许多人一辈子也没弄明白这中间的细微差异。）

这样就能做到进退自如。

外需减少，释放内需

资金流动性回暖，是我看好A股市场的一个重要理由。2008年全球金融市场的去杠杆化带来风险溢价的上升，而利率下降和货币发行量大增则为风险溢价下降埋下了伏笔。

中国的资金环境与众不同，经济体系中的资金存量庞大。2009年上半年新增贷款达到7.37万亿元，前11月贷款新增总量达9.21万亿元，同比多增5.06万亿元。宽松的资金环境，让不愿意流进实体经济的过剩资金，全部流向了房地产以及股票等虚拟经济体。再加上预期人民币升值带来的资产回报，更可能成为流动性的推动主力。

在通胀预期加上人民币升值预期“双轮驱动”主导的行情

里，未来几年市场迟早出现估值泡沫，如果市场受意外利空打击而下跌，则是价值投资人再一次买进的良机。

> 我认为目前上证指数已经运行在新一轮大上升轨道内，未来上证指数再创新高是迟早的事。市场的每一次宽幅震荡均为价值投资人提供了绝佳的买入良机。

不过，很难说未来只有一个结果。事实上，央行于 2010 年 1 月 18 日已宣布上调存款类金融机构人民币存款准备金率。此举的重要性不在于央行从市场抽走约 3 000 亿元资金，而是银根由放松转而适度收紧的信号，传递了央行希望适度降低当前资金流动性过剩的决心。

中国经济由于受金融海啸的伤害相对较小，故恢复起来也相对较快。当西欧多个国家濒临破产的时候，我们却正为资金过多而发愁。若真要说影响，中国经济发展速度放慢了脚步，主要来自出口方面的打击，就是外需减少了。

目前来看，我国的 GDP 还是主要靠投资来拉动，投资方面的需求在危机后因为中央的经济刺激政策而大大提升。新一轮的牛市主线，还是国内的内需。有人可能会担心内需如何释放的问题，但我想说的是，你不要也不用去关心它是怎么释放出来的。

正如我也不知道北京、上海、深圳那些豪华楼盘是谁在买，我只知道那些楼盘的价格在降了一点之后，现在又稳定下来了。做投资你应该明白一条：只要中国的经济不断向好，内需就会释放出来。

改革开放 30 多年，中国经济由计划经济到市场经济，从封闭市场到开放市场，过程虽然漫长，但预示着中国正向自主发展不断靠近，终有一天可走出独立行情。

这个过程将非常反复，因此日后依然会有可能出现大机会。

下一轮牛市可能更大，1 664 点后的第二天其实已经悄然启动。不过耐心永远是盈利之母，相机而动是最优化的对策。我建议大家耐心等待机会，市场的每一次震荡都将提供很好的买入时机，永远不要相信“错过了就没有机会了”这样的“赚钱末日论”。

5.4 实践“低买高卖”

低买高卖的道理谁都明白，但股市低迷的时候大家都说还要再跌，价值 1 块钱的资产，没有人敢说 4 毛钱值得买。

回头看上证指数低于 2 000 点时，传媒铺天盖地地劝大家小心行事，到处都是经济还不看好、投资需谨慎的言论。那个时候，市场上的恐惧迅速蔓延，很多人听到那些声音和言论就吓得把股票卖掉，不敢再买了。

其实，即使运用简单的市盈率去判断，也应知道股市进入了低估值区，应该适时买进，而不是卖出。

过去两年，巴菲特两次公开呼吁大家买股票，第一次是 2008 年 10 月，第二次是 2009 年 7 月。那时候，全球的分析师、经济学家和我们中国的那些主流声音，一致不看好经济前景，都说巴菲特的买股呼吁仅是爱国的表现。

现在我们好不容易完整地从全球证券市场的“奥斯维辛集中营”走出来了，那么未来还有什么更坏的事情值得我们恐惧呢？不过，人们这边厢对金融海啸还心有余悸，那边厢就开始担心目前的股票已经不再便宜。

即使还有不少人认为大蓝筹仍然便宜，但他们的仓位却大多不重，尤其是主动重仓者更少。这说明言行一致的投资人很少，“仅说便宜而不买入”的特点，反映出特大熊市过后人们内心普遍的恐惧心灵。心理的创伤，确实也不是一两个月所能治愈的。

这个温暖的时间，之前大家不是一直盼着想着吗？为什么春天真的来时，许多人又反而不安心躺在浴缸里来个舒服的“泡泡浴”呢？

长期上涨是必然

不是我不明白，只是这世界实在太奇怪。其实任何事物都有个度，就像中国的八卦图一样，一尾黑鱼跟一尾白鱼绞在一起。黑鱼的头对着那白鱼的尾，当它愈来愈黑的时候，其实已经进入白的区间了。

上述的中国阴阳哲学让我受益匪浅。熊市是“黑的”，牛市是“白的”，它们两个也是永远绞在一起，头尾相连。当绝大多数人都认为是熊市的时候，其实可能已经开始进入牛市。

尽管指数上涨时赚钱容易，但在牛市中，许多人赚钱都只是碰巧中了大面积开奖的六合彩而已。升市时只有少数人是清清楚楚明明白白地赚钱，所以下一次跌市时，一定会让那些赚的钱仅不清不楚不明不白地被吐回去。

“出来混，迟早要还的”这句话，在全球范围内适用并仅适用于这一大类人。真正的价值投资者一般都比较喜欢熊市，是因为在熊市里面，很多公司股价都非常便宜，只要手上有钱便可以买入低估的优质股票，清清楚楚明明白白地为迎接牛市做好准备。

我常说自己是个逆向投资者。大市指数对我来说，其作为情绪指标的意义，大于其绝对数值升跌的意义。

大市指数不是个股。只要中国经济持续发展，指数未来肯定上涨，但这不代表每只股票都会上涨。同样，指数近期再跌也不代表每只股票都将同步下跌。所以我常常将预测指数的涨跌仅当成是练练大脑的益智游戏。

判断指数不重要

指数长升是肯定的，与“人一定会死亡”这句话一样肯定，但除此之外，指数只是骗人的数字游戏。什么赚了指数赔了钱、什么跑赢大市，往往都是使人陷入没有意义的短跑比赛陷阱的罪恶裁判，是已经打开的潘多拉盒子。

我的收益目标是不论指数涨跌，都要有正收益，并且跑赢通货膨胀。因为只有那样才叫真正意义上的赚了钱，那样才让拥有财富的人真正变得更富有。选对比赛对手，才能采取正确的对策，与指数进行短期赛跑绝对是“无益身心切莫为”的事。

对于指数的判断，并不是最重要的。重要的是我们肯定手上的股票不是垃圾股，而是让我们睡得安稳的优质股票或价值被低估的蓝筹股；重要的是我们如何处理手头的现金与资产。这些判断才是最有意义的。

假设 2005 年我在上证指数 1 000 点时，买了 1 000 万元以大市为目标的资产。经过 2005 年到 2007 年的大牛市，股指已升至 5 000 点，资产已变成 5 000 万元的财富。

由于那时市场的估值水平太高，风险积聚，故假设我在 2007 年 8 月底于 5 000 点时卖掉，变为持有 5 000 万元现金，然后就是等待，并顺利躲过了 2007 年 11 月到 2008 年 11 月期间的巨熊。

假设当股指一路狂跌下来到 2 500 点左右时，我又觉得估值基本合理了，便用 5 000 万元买入资产。其后股指跌到 1 664 点，然后又反弹到 2 000 点。虽然我的短期业绩依然是亏损 20%，但我依然手持 4 000 万元的资产。换言之，我的财富依然是在指数 4 000 点的水平，远远跑赢大多数上蹿下跳的股票基金。

更何况到了 2010 年 3 月股指已升逾 3 000 点，即我的资产水平已达到了指数 6 000 点的水平，远远跑赢指数一倍。

我们现在已暂别 3 000 点以下的水平，我不敢说是永别了；但要再回到 2 000 点附近，可能是在下一个特大熊市后才能见到的情景了。

这个凭经验作出的预测对不对，市场一定会告诉你的。

寻找下一个苏宁

一直不断有人在问两个最有意思的问题："知道高了，为什么不卖？"或"知道低了，为什么不买？"

如果预先知道 6 124 点是未来几年的最高处，谁还会在 6 000 点以上买？谁还会在那时持有股票？同样，如果知道

1 664 点是 35 年不遇的最低点，谁不会在 1 664 点附近疯狂买进？谁还会在那时卖出股票？

事后诸葛亮，当然人人都会做。其实问这两个问题的朋友都忘记了一个事实，那就是——指数高点与指数低点都是事后过了好长时间后才能确认的事情。看到跌多了以后就问前一个问题，看到涨多了以后就问第二个问题，总之总有“公开展示的买卖水平永远看似很臭”的问题。

低买高卖，地球人都知道应该这样做，但精确的“高”和“低”是只有历史词典中才有的两个字。

事实上，直至 2009 年，投资者的“灾后恐惧症”仍然存在。虽然市场上有投资价值的个股已经愈来愈少，但仍然有被误判、被误杀、停留在价值洼地的股票，又有多少投资者拥有眼光与智慧，懂得甄别判断呢？

参与投资实战，我觉得首先是要看准方向站队。你要相信通货膨胀预期一定会愈演愈烈，而且会来得比想象的快；美元长期看一定是不安全的货币，人民币才是近期最安全的货币；内需终将被释放。这些大方向，一定要看得对。

其次是研究未来的投资方向，想想如何选择中小型股票。从表 5.1 可以看到，苏宁的业绩增长堪称典范。苏宁电器(002024.SZ) 在 2004 年上市以后，升至最高峰时上涨了 30 倍。如何选择下一家苏宁？我建议大家如果有能力，一定要选择中型的成长期企业来投资。在下一轮的经济周期中，总有一些中小型公司将成长为大公司。这个过程就是出现下一个苏宁的过程。

表 5.1 苏宁增长典范

	2003年	2004年	2005年	2006年	2007年	2008年	2009年
净利润（百万元）	99	181	351	758*	1 465	2 170	2 890
增幅（%）	69	83	94	105	93	48	33

*经调整数字，以7.2亿元计。

选股实战，擒贼擒王

有很多投资者疑惑，大市值的公司涨起来可能很慢，而一些 ST 股未来可能存在重组、借壳等概念，可能短时间内就能取得超额回报，应该如何取舍？

我还是那句老话：挑选被低估的优秀公司，集中投资下重注。

“擒贼擒王”这个词非常经典，可以用来比喻选股方法。在证券市场里的实战应用，就是真正的好股票即使跌下去甚至跌了很多，我依然可以睡得着觉，相信它一定有往上涨的那一天。我可以永远重复地用一个方法坚持下去，即使当我有 50 亿元，甚至 500 亿元时，我还是可以将资产很简单地布局在这些股票上，依然睡得着觉。

反之，你敢不敢把你所有身家配置到一两只这些所谓“跑得飞快”的概念股、ST 股上呢？即使它们涨得快，但假若你只敢投资少量资金的话，总资产回报也没有多少。又或者说即使你敢重仓买，但你能从头赚到尾吗？

概念股什么时候涨到头完全是“无厘头”，一只涨 10 倍的三四线股，你可能在赚了不到 1 倍时就下车了，因为你天天担心它已经涨到头了。炒股的人基本上都有这样的心得。

很多投资者做不到严守“低风险”这条红线，宁愿买垃圾股概念股，不敢买貌似不便宜的好股票。要做到这一点确实很难，但一旦将高回报的定义变低，你就会愿意做正确的事情了。

长期平均达到 20% 以上的回报，实际上是非常高的年平均投资回报了，但看起来这个目标很低。我最感慨的就是这一点，低风险看起来不是那么低，高回报看起来不是那么高，但回头看低风险所可能生出的高回报，经积累后的财富数量足以让人震撼。

第六章

投资之道与术

CHAPTER SIX

日暮浩歌还，红霞乱青嶂。
2007年5月摄于拉央拉央岛

读到本章时，相信大家对价值投资的灵魂与时机把握已有了一定的了解，但要在证券市场里坚持实践我所说的“巴索组合拳”，其实尚欠心法。

现在国内知道价值投资的人愈来愈多了，许多投资者言必称价值投资或价值发现。何谓知道？就是指大概知晓价值投资这个大道理吧，至于知多知少，看看这些人的持仓组合情况就非常清楚了——“知道者”甚众，但“得道者”渺渺。

这有点像人人都知道日常锻炼有益于健康长寿，但能天天坚持锻炼的人又有多少呢？

“知道者”的投资停留在“术”的层面。何谓“术”？化简为繁，“术”为厚黑中补锅匠，为雕虫小技，为小聪明者的谋生术。何谓“道”？化繁为简，于平淡中显神奇，是为聚财大法，为大智慧者的非常道。

何谓“得道者”？指言行一致地按价值投资原理进行投资的人。本来符合价值投资选股标准的投资对象就少之又少，于是这些“得道者”就只能成为集中持股的实践者，他们是市场中的惰性投资者，是少动症患者，是证券营业部最不受欢迎的一族。

短时间内，“术”可惑“道”，但长期看，“道”却定能胜“术”。

投资之道，要悟，更要捂，否则永远就只停留在“知道”上。要从“知道”进而“得道”，答案还在心中。

6.1 别太想着赚快钱

老子说："后其身而身先"，这句话运用到投资上，说的就是"慢即快"的道理。心态慢而不惦记着快，结果往往是每一次市场的上涨都比预期要来得快。

具体说来，好公司如何谓之好，我在第二章已描述得相当清楚。一些人在熊市中研究过度，发现世界上没有一家好公司，于是什么股票都不敢出手买；一些人在牛市中研究过度，又发现世界上没有一家坏公司，结果什么股票都不卖。

为什么许多人参与证券市场许多年，仍然还是属于小资金行列？就是因为他们总认为价值投资的选股方法仅适用于大资金，总按照"适合自己的"的小资金方法炒股。说白了，其实他们只是希望一夜暴富，炒股对于他们来说无异于赌博，结果就永远只能拥有小资金了。

德国哲学家、传教士艾伯特·史怀哲说："乐天者一路只看到绿灯，悲观者一路看到的是红灯，而真正的智者是色盲。"看来无论中外，道的最高境界就是无间道，能够化繁为简，去简为空，遁入“空门”。

投资智者是不用操心股市每天是翻红还是飘绿的，他们是“心中无股”，远离股票K线，远离指数涨跌，远离恐惧兴奋，最终愈来愈接近理性状态。

磨炼好心境

有人说我的投资心态好，其实心态从不好到好是有一个长时间的调整过程的。早期投资的时候，我的心情也难免跟着指数的涨涨跌跌而大幅波动，但是经过多年的市场参与和与之互动，我发现我所担忧的最坏的事情，或者说到我担忧的那个时点，往往已经到了最坏的边缘。

但其实只要熬过最坏的时候，股票又会不愠不火，开始新一轮摇摇欲坠、晃晃悠悠的上升行情。所以无须担心，反正再怎么担心都根本没有用处，市场已经跌下来以后才担心就更是一点没用。真正要担心，就应在市场大调整之前就开始担心。

这几年我养成了高不兴奋、低不恐惧的心境，这和实践中的反复磨炼有关。我认为，不是所有的证券参与者都能磨炼出这样的心境，这需要根据每个人自身的条件去调控。所以说，并不是每个人都适合做投资，甚至可以说大多数人都是不适合做投资的。

为什么可以做到心态好？我想是因为我所买的，都是可以让人睡得着觉的股票。这一点十分重要。如果我重仓买入的是一只垃圾股，跌得很深后就陷入两难的局面：不割肉，它可能继续大跌下去；割了肉，就形成了实际损失。这个时候能睡得着觉才是怪事。

能否修炼出无惧下跌的心境，主要关乎你与什么公司为伍。如果你与优秀公司为伍，持有绩优股可以玩“套住了就不卖”的阿 Q 式游戏，就用“做一个股东也好”的心态对待，平静地成为一个长期持有绩优股的股东。

结果下一轮上涨过后，你长期持有的公司不仅让你解套，而且还让你赚个盆满钵满。几个周期下来不断尝到甜头的人，心态自然就变好了。

历史的轮回

美国投资大家、GMO 资本管理公司的主席杰里米·格兰桑曾说过：“我们在极短的时间里学到许多东西，在稍长一点的时间里学到一些东西，而在较长时间里什么也学不到。这就是历史的轮回。”

有这样一个故事可以说明这个道理。话说两名猎人雇了一架飞机，载他们到加拿大荒野中狩猎麋鹿。抵达目的地后，驾驶员同意两天后回来接载他们，但提醒他们每人只可载一头麋鹿。因为太重的话，引擎恐怕吃不消，飞机便没法飞回家了。

两天后，驾驶员回来了。尽管有先前的警告，每位猎人还是各杀了两头麋鹿。驾驶员说，太重了。一位猎人道：“去年你也说过同样的话，还记得吗？我们每人各多付 1 000 美元，你还是把四头麋鹿都载起来了。”驾驶员只好勉为其难地答应了他们。

飞机终于起飞了，但一个小时后，飞机引擎便咿咿作响，被迫紧急降落。两位猎人满眼金星地爬出飞机残骸。其中一位问道："你知道我们在哪里吗？"另一位答道："不太确定，但看起来像是去年坠机的地方。"

历史不断轮回，但人们还是一而再地重蹈以往的覆辙，然后"屡战屡败"，却安慰自己"屡败屡战"。这让我想起另一个小故事，也非常有意思。

话说清朝的曾国藩曾多次率领湘军跟太平军打仗，可是打一仗败一仗，特别是鄱阳湖口一役，连自己的老命都险些送掉。曾国藩不得不上书皇上表示自责之意，其中一句写道："臣屡战屡败，请求处罚。"这时候，有个幕僚建议他将"屡战屡败"改为"屡败屡战"。这样一改，果然成效显著，皇上不仅没有责备他屡打败仗，反而还表扬他锲而不舍的精神。

其实，自欺欺人的历史往往是重复而已。

好了伤疤忘了疼

公开数据表明，抱着炒股心态入市的人，十个里面九个亏。马来西亚《南洋商报》总编辑冯时能对其 30 年的股票投资心得的总结，其中一条就是"走正道"，即"从商业的角度，依据基本面进行投资。""股票投资者如果一开始就对股市存在错误的观念，以为可以在股市上快捷致富，那么他的下场几乎肯定是悲惨的。"

抱着炒股心态者，往往在市场最热闹之时入市，个个都一门心思赚快钱。

赚钱效应愈明显之时，入市的人就愈多，所以市场见顶时期，通常都成交量大增，参与者众。一旦市场转势下跌，以前参与炒股的人大多数都亏了，便纷纷退出市场。当资金外流，成交量缩小，市场就剩下没多少参与者，一下子冷清下来。许多人甚至发誓永不炒股。

市场在自己的规律下运行，当跌得过度，好公司的估值变得太便宜了，自然又吸引真正的投资者进场（注意：这里用了"投资者"一词，这些人不是炒股，是投资）。于是，市场很快又进入下一轮周期。（这个"快"字所指也就是三五年时间。）

下一轮周期刚开始的时候，那些曾发誓再不炒股的人已经从输惨到输怕了，手上的股票可能卖了，也可能在熬，但他们此时绝对不会再拿钱出来炒股。直到市场再一次热闹起来的时候，赚钱效应愈来愈明显时，入市的人又愈来愈多，那些发过誓的人就忘记了自己的誓言，带着从其他地方赚来的钱入市了。

这样的故事在全球股市里周而复始地上演。"坠机的经历"和"屡战屡败的经历"似乎并没有让人们记住教训。"屡战屡败"的人大多数都有一股"屡败屡战"的气概，但下一回合的结果如何，大概不问而可知。这些人不巧没有享受到皇上赏给曾国藩的待遇，市场反而将红包发给了其他投资者。只是几年后，市场里又多了些发誓永不炒股的人。

"好了伤疤忘了疼"是人类的劣根性。如果我们不及时领悟，想要在投资上有所收获，确实很难。

保守心态与超额回报

证券市场上的股价波动是不可避免的。尤其是在上下波动比较大的阶段，许多投资人会比较困惑，到底应该如何战胜市场或实现盈利？说得目标伟大一点，就是如何持续盈利？到底应该怎样在安全的前提下，让获得的回报最大化？这是我们自己必须认真思考的问题，通俗地说，就是抓住资本的逐利性。我们的目的就是到市场挣钱的，不论白猫黑猫、投资或投机，抓住老鼠就是好猫。

怎样挣钱？怎样持续地挣钱，甚至持续地挣大钱？只要能低买高卖，就一定能挣钱。但什么叫低，什么叫高？这就很玄了，必须从“道”的层面上挖掘。

低买高卖的“低”非常重要。因为只有在往下看风险不大的情况下，即在安全边界的范围内下手，才可能获得比较高的回报。否则，不论做怎么样的投资，都是风险偏高的。我们必须时刻以保守的心态投资，以“不输”为大前提，才可能获得超额回报。

大多数人均认为近期大涨的就是好股票，就是好公司；近期不涨的就不是好公司，就不是好股票。“一推荐就涨＝正确，推荐后跌＝错误”几乎是人们判断正确与错误的评价标准，也正是这种短视，成为他们成功投资的障碍。

一个急于迅速发财、想赚快钱的人，对任何程度的“被套”都忍无可忍，总把眼前的损失看得太重，将恐惧无限放大，以至于完全看不见哪怕只是一两年以后的未来。

其实，绝大多数垃圾股、概念股的凌厉升势是用来看的，而不是用来赚的。等到午夜 12 点，灰姑娘的舞会结束后，一切便又恢复原样。绝大多数人都认为自己会提前知道舞会何时结束，事实却是永远无法预知。结果，不断追逐近期大涨的“好股票”、“好公司”的大多数人，在股票市场里总是以亏损收场。

理性投资，弯腰捡钱

我多年来所做的投资，方法简单到麻木，只是在低市盈率区间买进，在高市盈率区间卖出。这是个情绪主导的市场，喜怒有常，运行规律其实一点也不复杂；但奇怪的是，大多数人在低市盈率区间总是看跌，在高市盈率区间却反而看涨。

有人曾问古希腊哲学家泰勒斯：“你认为人活在这个世界上，什么事情是最困难的？”泰勒斯回答说：“认识你自己。”没有人愿意承认自己贪婪与恐惧，但证券市场就是一面最好的镜子！在不知不觉中，每个人心中都暗想抄底和逃顶的美事，谁都不愿意一买就套、一卖就踏空。

经过十多年投资的经验、反省与思考，我早已不敢妄想抄底逃顶了。我只是尽量争取不贪不怕，更加理性而已。如果真能做到理性客观，那么赚钱就变得如同弯腰捡钱般绝对简单。市场其实是活雷锋，它全心全意为理性投资者服务，但关键是我们要清晰地认识自己、认识世界。

要保持理性，不让自己的判断受影响的最好办法，就是力求做到“心中无股”。这样股票走势图便离我们远去，大盘走势图也离我们远去。只有恐惧和兴奋离我们远去，理性才会最终向我们靠近。

热络的市场不仅仅给满仓者、重仓者洗脑，也天天在给空仓者、轻仓者洗脑。2007 年 8 月我卖出股票前，看似理性冷静，但其实在上证指数收报 5 825 点时，我的脑袋里也曾出现“这个市场在未来一定潜藏着巨大风险，但现在风险可能还不大”的错误认知与幻觉！回头看看，自己当时也几乎被市场洗脑催眠。

证券市场从来什么都不缺，只缺持之以恒的理性独立思考；证券市场又什么都缺，最不缺的就是言之凿凿的“迟来的爱”。大涨后就看好、大跌后就看空的事后股评式研究报告，实在多得数不胜数。

时刻坚持理性

许多投资者总牢牢记住自己的买入价位，终日计算投资成本。这是投资最大的忌讳。因为一个股票的基本面如果真的不妙，就应该及时卖掉，断臂求生；“不卖不算亏钱”只是自己给自己吃安眠药，是典型的散户心态。

股票不会记住是谁买了它，也不会记住谁在什么价格买了它。股票如果想跌，与持有人的成本没有任何关系。持有已倒闭的雷曼兄弟股票的人，哪一个的投资成本不是高高在上？一旦股票面临清盘或退市，可能之前以任何价格卖出都不为错，卖出了还能收回些零花钱。如果只牢记自己的买入价，抱着“卖出后就亏大了”的想法而延误卖出时机，可能最终连残渣也收不回了。

“跌多了可能就不会跌了”与“涨多了可能就涨不动了”的想法，也是一样没有任何道理。差公司可能跌的最大幅度是100%，结局是 game over；好公司中却有长期股价上涨几千倍的。所以我一直唠唠叨叨地劝说投资者选择绩优股，道理不言而喻。

上述的道理，都是理性投资者想得通通透透的道理。时刻坚持理性，是赢家的特质；反之，就如成语“朝三暮四”故事里的猴子一样，给整吃亏了，还没弄清楚发生了什么事。

6.2 市场走势如大象狂奔

市场在兴奋雀跃中急速上攻，在贪婪和幻想中构造头部，在大众满怀希望时开始缓慢下跌。然后在绝望中急速下挫，在恐慌中构造底部，在恐惧掺杂着忧虑中缓慢爬升……

这样的市场循环往复，已经存在了400年，并将在我们的有生之年继续循环重复下去……中国的证券市场有极强的周期波动，作为价值投资者，只要有“耐心＋信心”，等待买入时机的出现就可以了。

指数上涨看似有许多理由，下跌也似乎有许多理由。但真正的大涨与大跌的理由只有一个，就是长时间以来涨得太多了或跌得太多了；现在需要在反方向的道路上，无理由地狂奔一段路程。

据说非洲草原上的大象也是如此，它们往某方向狂奔后必定沿原路返回。那些原始部落的猎人，于是就在路上挖好陷阱，耐心等待大象回来便可以了。有时候，我们不必苦苦追问上涨的理由，正如我们不必怀疑大象会不会另辟蹊径，不走回头路一样。每隔一段时间，市场总会疯狂一次，然后就像大象一样早晚回头。

趋势逆转的规律，往往是在原方向走得愈远，反方向回来的力度愈大，这几乎是必然。作为价值投资者，唯一要做的就是耐心地等待大象狂奔回来。在绝佳的投资机会出现之前，我们不要经常轻易地做决定，只等低价买进好公司，等价值明显被高估时卖出。我们只须扪心自问：大象狂奔不常有，但一旦出现，自己是否已做好足够的准备，布好阵势，挖好陷阱了？

投资的精髓，无非就是耐心等待。可是，在证券市场上，真正有耐心的投资者少之又少。许多投资人总想赚快钱，但快财从不入急门；即使快财入了门，也会在下一次从门缝中溜出去。

“慢即快”、“快即慢”的道理，没有十多年的投资经历是参悟不透的。这就不难理解为什么股市上赔钱的人多，而赚钱的人少了。

涨跌不需要理由

其实指数的上涨（大跌后的反弹）真的不需要任何理由，但可以用来解释的理由却似乎愈来愈多。譬如说好于预期，就是有逻辑的恢复性上涨的最佳理由。例如市场原来预期某公司亏损 10 亿元，结果它只亏了 8 亿元，公告后：涨；

通货膨胀导致通货喷涨，当然某类型股票的股价与房价也可以预期喷涨，于是预期就提前实现了：涨；

4 万亿，可能还有更多的 X 万亿，贷出去的资金没有流进实体经济反而流进股市了，结果：涨；

美国政府用直升机撒钱，中国股市也可以“高空抛物”，给大家扔些纸币，那就只有：涨；

其实，古人早已经将上涨的理由全部罗列了：矫枉过正，物极必反，否极泰来。

试问 2001 年 B 股开放的时候，股价狂涨有什么基本面配合吗？有什么上涨的必然理由吗？没有。B 股的股价在狂奔前大幅度低于更没有理由持续上涨的 A 股，理性的投资者于是选择了安全边际更高、更便宜的 B 股，反而像犯了错的小学生一样，连大声说话都不敢。这正常吗？不正常。

不正常的事情迟早要纠正一次，于是 B 股开放后狂涨的理由就很充分了：奖善惩恶，狂涨只是对开放前执著持有 B 股的理性投资人的奖励罢了。没有理由就是理由，这就是我给出的“牵强附会”的理由。

目前全球的证券市场正在运行喜极而泣后的泣极而喜阶段，但“戒 caution”不久后可能会变“色 lust”，警惕不久之后就变成贪婪！

这就是几百年如一日的证券市场。

打扫浮尘

毛主席语录：扫帚不到，灰尘不会自己跑掉。

浮筹就是股市里的灰尘，那些持股信心不坚定的投资者手中的筹码不掸干净，股市永远上涨不了多少。因为每当股价拉升到一定水平时，这些筹码很容易便松动兑现。

是故我总是强调，投资需要勇气或胆量。这一点很重要，看到机会时你敢不敢下重注？如果只抱着试试手气赌一把的心态，我相信你不敢重仓下注；如果你因看不懂前景，而把钱分成 30 份、50 份地去分散投资，那碰运气的成分就很大了。想靠运气发达，不如去买六合彩。

要稳稳地抓紧手中筹码，而不至沦为浮筹，就要选择好公司来投资。

抱着做长期股东的心态，而非炒股一博的心态去投资，然后不小心地“炒股炒成股东”。如果有天你从买入那天起就有让股票变古董的决心，那你就真的入“道”了。

要知道，所有股票的价格上涨，核心动力依然来自估值。在经济回暖或良性循环的大经济环境中，大多数企业包括蓝筹公司的经营，都步入良性增长周期，收入和盈利都稳步增长。不过，由于蓝筹公司的市值一般很大，故上涨速度相对较慢；而中小市值的公司只要有资金开始入市，其交易价格就会明显上涨，因而能吸引更多散户的眼球。

相对于那些股价活跃的中小上市公司，绝大部分蓝筹股均显得上涨乏力，涨时涨不动，跌时却似乎跌得一点也不慢。在一次又一次的波动中，那些不坚定的和耐心不够的投资者可能无法忍受其涨幅过小，而选择卖出手上的持股。他们就像浮尘一下被清扫出去，转而追逐已经涨幅惊人的概念股。

所以一个牛市的结束，通常最终都以蓝筹股的显著上涨为标志。

我不是非得选蓝筹股投资不可，但对于国际投资者来说，大市值蓝筹股是其必然选择。如果投资者独具眼光与智慧，在中小市值股票里寻找未来盈利稳健、增长迅速、管理良好、前景秀丽，以及有机会成长为大公司的股票，其投资回报自然可能更佳。

说到底，就是只与优秀的伟大的公司为伍就对了。

6.3 投资如白开水

一场声势浩大的奢华婚礼，与其后的婚姻是否幸福，没有任何关系。

同样，股票短期的巨大涨幅，与其后能否为投资者带来持续稳定长久而巨大的收益，也没有任何关系。

价值投资就是幸福却看似平淡无奇而简单的生活。生活不可能天天有惊喜，生活就是日子一天天重复而简单地过下去。简单生活成就价值世界。

平淡如水才是投资常态。用平淡心，看平淡市，做平淡事。

平淡心：发掘被市场冷落的错判股。有时候坐替补板凳的队员比过度满场飞的疲劳主力更应该出场。

平淡市：热点不断的市场不可能一直持续下去，冷一冷静一静是必须的也是十分健康的。淡定后有益于良币驱逐劣币。

平淡事：优秀公司不需要揣着放大镜去寻找，

只需于身边的平淡小事之中，就可以发现未来的优秀成长企业。

在简单重复中积累经验

投资就像白开水。因为从一年的时间看，20%的收益率是非常缓慢、非常乏味的事情，但如果放在20年、30年或者更长的时间里去看，能够实现这样的复利增长就是一个奇迹了。

比如说巴菲特，虽然媒体经常报道他的投资失误，说他运气使然，说他名大于实。可是你想想，巴菲特在40年里赚3 000倍，就算跌了一半他还能只赚1 500倍。你可以想象一个投资水平低的人，在几十年里都能保持良好的运气吗？答案显而易见。

平淡无味的白开水之于生活在城市的人们，似乎可有可无，因为我们还有老火汤、运动饮料、醇酒、可乐等等数不清的各式饮料可选。但对于身陷沙漠险境或绝地求生的人，一掬凉水则可能事关生死。

投资就是如此的“大事”，能否在疯狂的牛市与绝望的熊市中，坚持貌似“刻板”的价值投资原则，事关生死。

价值投资较之于市场中的短炒游戏，前者多了静而未动的无趣，却少了日研夜究的刺激与乐趣，说起来实在是乏善可陈。不过，想要在市场上长期生存发展，就必须时刻警觉，备有足够多的白开水，提防在沙漠中迷途。明白了这个道理，“投资”这条鲜活的生命便可安全无虑。

消极地看，生活就是简单的重复；积极地看，生活还是简单的重复。简单就是美，在重复中我们积累了宝贵的经验。

只是这世界大多数人都爱将一切复杂化。

愈不繁，愈不凡

我看到通用 SAAB 车在中国做的广告，将 less is more 翻译成了“愈不繁，愈不凡”，顿时眼前一亮。尽管少，看来还是有崇尚简单的企业存在（瑞典宜家家居也算是其中的一个）。

在投资领域，我极赞成、至爱的 less is more 就按此解说——愈不繁，愈不凡。

Less：少动。买了轻易不卖，卖了轻易不买。看准才动，买卖周期以年为单位。

Less：集中买少数几只股票。好股票太难找，少之又少。巴菲特“笨”到在大中华区只买了一只香港上市的中石油，连中国人寿都错过了。我们中国人都比他“聪明”多了，看看自己买过多少只股票吧。

Less：少交易。减少交易成本与税收成本。

Less：少关注其他人同期在做什么，只评论自己做的事是不是理智正确。

Less：少说。真理往往最像谬论。1600 年，布鲁诺因宣传日心说而被烧死在罗马百花广场。为了自己的安全，还是少说，像某些高回报的生意，最好只做不说。

More：是 Less 的唯一结果，就是一条：长期下来利润多得不敢相信！

大道无形，大道至简……这些看似玄乎的道之理，在投资领域其要表达的只是一个意思，那就是：投资的道理，其实真的很简单。

几十年来，投资的至高之理从未改变。平日多看看价值投资的经典著作，有助于我们修炼心法。例如创立价值投资理论但未进行大实践的格雷厄姆，著有《证券分析》和《聪明的投资人》。如果你嫌这两本书太深奥，可阅读费雪用通俗语言写成的《怎样选择成长股》。如果还嫌不够通俗，那就看价值投资伟大实践家巴菲特的语录，由珍妮特撰写的《沃伦·巴菲特如是说》。

以上著作，足以概括价值投资思想的全部，相信任何一个中学生都能基本读懂。何必搞得那么复杂：技术分析、图表、指标……这些太形象复杂了，还是无形简单的好！

世事万物，可谓万变不离其宗，其“宗”也就我们千年前老祖宗就知道的阴阳。正如我们在网上传递的文字图片声音档案，貌似千姿百态，但其实大家都知道现代计算机的基础就是 0 和 1。

同样的道理，投资成功的基础也就是“低买高卖”。孰低孰高，看似难以捉摸，其实也是循黑白两道，道理均泾渭分明。只是我们大多数人只看其纷繁外象，愿意将简单问题复杂化，结果却适得其反，落得个“高买低卖”的反常景象。

关注大概率

2008 年的一本畅销书《黑天鹅》，其中最主要的观点就是：万事皆有可能，小概率也是概率。当年刚巧发生雷曼兄弟倒闭归零的事件。这确实是小概率事件，但它的确发生了，踩中“雷曼地雷”的长线投资者，可谓“一夜回到解放前”。

然而我们不能因为有人中六合彩大奖而痴迷于六合彩投注；

我们不能因为有多少宗盗窃案未被破而走上盗窃之途；

我们不能因为偶有飞机失事而从此不搭飞机出门旅行；

我们不能因为四川大地震而离开世代居住的美丽四川；

我们不能因为曾有南亚海啸就从此不去海边度假旅游；

我们不能因为有多少人努力了但没有成功而放弃努力；

我们不能因为有人买垃圾股赚了就觉得垃圾股来钱快；

我们千万不能因为绩优股也会不断在熊市中大跌而对它的再次上升失去信心；

我们也千万不能因为有老牌绩优股如雷曼兄弟在 158 年后归零了就认为绩优股根本不值得买。

《黑天鹅》讲的都是小概率事件。这类故事大多曲折离奇，所以吸引眼球，但几乎个个故事都没有可复制性。这样的“好运”在原始意义上属于“超级好运气”，但还是属于“小运”，属于偏财。在漫长的人生中，小概率事件无法复制，它仅是赌场与彩票公司设计生意的基础。

价值投资者永远都只追求在大概率事件上，押下大注码；他们一生充其量复制“下注”数十次。其财富增长的过程，与“滚雪球”的过程一样，极其平淡无味。每隔三（年）岔五（年）的“大运”，最终降落在有耐心的人头上，也是财富真人秀的必然结果。

“大运”有简单的算术基础：1.24 的复制次数次方（核武器复利的长效威力）＝巨数。1.24 的 40 次方就是 5 456 倍。只要有 10 万元本金，在 40 年后便可变成 5.456 亿元了。

我的“慢即快，少即多（中期持有，集中投资）”风格，就是如此应“运”而生的。

当年我拿到力学硕士学位后至今得到的最深刻感慨就是：我的余生将选择做最省力的事情。省力的事情一定是正确与大概率的事情，省力的事情也一定是以快乐为最终结果的事情。

正确的事情就是顺势而为（不是做群羊）；

正确的事情就是傍对大款（未来的大款）；

正确的事情就是审时度势（超级投机家）；

正确的事情就是高瞻远瞩（洞察到未来）；

正确的事情就是循规守纪（固执地执行）。

锦上添花是大概率的事情，雪中送炭是小概率的事情；看准高估与低估区间是大概率的事情，长时间准确预测只有一个的底与顶是小概率的事情；优秀公司、城市、国家将变得更优秀，是大概率的事情，例如新加坡和中国，欲将差劣企业变为优秀公司无疑于与猪摔跤，能成功是小概率的事情。

勤劳无益，懒惰致富

投资的许多道理，首先需要学习；但更深层次的投资之道，是需要时间来领悟的。多次实践，教会我不少在书本上学不到的知识。

小时候我们没有一个不被老师和父母教导：勤劳致富。然而，经过十几年的投资生涯我才发现，至少在投资领域，勤劳勤动绝对是贫穷的主要原因！

做短线交易的，每天收市后忙于做功课，K线图、技术指标……研究到很晚，够勤劳了吧？以前的我就是如此，后来发现此举只是白白勤劳了一番，基本属于徒劳无益。

勤劳交易，结果能成大富的，我至今没发现一个；反而做多错多（加上手续费），钱变得愈来愈少者，则比比皆是。这也是“愈不繁，愈不凡”的另一种演绎。

独立思考，是可以躺在床上完成的，外形很懒散，但这才是致富关键！找到一个好公司，在低价买了之后，就要学习懒惰，千万不要“勤奋”得老想进行买卖。否则，“抓了芝麻，丢了西瓜”的结果便不可避免了。

懒惰，是投资的核心。对自己不了解的行业和品种绝不轻易介入；一旦拥有好股，在其价值区间内就一直不动。否则，“勤奋”得踏空，那致富大计就得落空了。

6.4 接近心灵的平静

有朋友问我 2006 年西藏之旅后的感悟。我想无论是去西藏，还是到尼泊尔，都让我的心更加知足，离平静愈来愈近，距贪婪的躁动却愈来愈远。

投资就是用一生的时间，去攀登金融投资市场上的珠峰。千里迢迢往青藏高原的，没有人是奔青藏高原上面的洼地去，小部分人如王石是奔登珠峰顶去的，但大多数人也是以能上到更高海拔为荣。

对于我而言，珠峰是我永远敬畏的目标。到了 5 300 米，便已心满意足。就好像我买入某只股票，当眼前的股价已经远远超过我当初投资的预测目标价，如果有人问我，我会说它再上涨一倍都很正常，但我的任务目标只是“三年翻一番”。既然任务提前完成，我也乐得清闲。

许多投资者的悲哀，在于很多错误观念以正确的外观在流行。理性的投资者，往往要像珠峰一样傲然自立，不理会人们的误解，也不受尘世所左右。

比如平均股价的误区。曾几何时，伴随证券市场的发展，我们不断看到“平均股价又到多少了”这样的词汇和说法。据我本人研究发现，“平均股价”是绝对的“中国特色”词汇！

（鸡 + 蛋）/2= ?　　半只鸡和半个蛋?

（人 + 马）/2= ?　　我的答案要有只能是人头马（一瓶）

（猪 + 狗）/2= ?　　国内某些统计师的答案大概是猪狗不如吧。（实在是误人子弟啊。）

不同的股票总股本不同，每股盈利也不同。然而人们竟可以将不同的股票价格相加后再除，难道猪和狗也可相加再除以 2 吗？“平均股价”就是这样一个怪异的指标，而且还可横行于中国证券市场十多年。这不是中国证券市场的悲哀又是什么?

再比如绝对股价的误区。“高个子重，矮个子轻，身高即体重”，这也是为中国证券市场量身定制的“体重秤”。主力传媒的不当引导，造成了小股民的恐高症。有些人自己有恐高症，就劝说大家不要住高楼、不要乘飞机。这不是再次误人子弟吗?

现在一些绝顶聪明的经济学家还学会了除权复权，其数学功底，确实令我这个学理工的“拜服不已”。

潇洒走一回

我曾在博客中看到一位老者的至理名言，让我感触颇深。

这位高寿 90 多岁的老者，大概觉得自己将不久于人世，遂为自己活得相当长的一生的经验，写了一些人生感悟：“别拿自己的人生和他人做比较，你根本不清楚他们的人生是怎么一回事；别人怎么看你不干你的事；时间会痊愈几乎每一件事；不要那么认真地看待自己，没有人会这样看待你的。”

人生就是潇洒走一回，也只能走一回，如何走？60多亿人有60多亿种走法。走自己的路，寻自己的开心，没有人会认真对待地球上“重要的我”的生活存在。谁离开了谁，地球都一样均匀地在转动。

相信时间会让一切痊愈，除了每个人注定的终极结果——死亡。当然，对死了的人而言，就是什么都痊愈不了又有什么关系呢？

据说全球幸福指数最高的不丹首都廷布的居民的幸福度现在正在下降，原因是去那里的外国人愈来愈多，他们开始有比较，觉得自己贫穷了。美国社会评论家H.L.门肯说，一个人对工资是否满意，取决于他是否比老婆的妹妹的老公（连襟）挣得多。

不快活，只因“拿自己的人生和他人做比较”。

一家美国大型投资银行的高管讲了这样一个故事。最近一个年轻雇员向他抱怨工资太低。这个主管于是问年轻人：“你来公司多久了？”

“三年了，一毕业就来了。”年轻人答道。

“你刚刚来的时候，希望三年里能挣多少？”

“当时希望能挣10万元左右。”

主管好奇地盯着他，“你现在年薪差不多拿到30万元了，还有什么好抱怨的？”

“哦，因为坐我旁边的几个人，他们一点也不比我强，但年薪已经31万元了。”

深究佛教到底有没有劝世人莫比较的思想，已经不重要了。重要的是知道什么需要比较，什么不需要比较，重要的是在经过正确比较后，能做出正确的抉择。

投资亦然。我们毋须在意自己的投资成绩是否比别人强；自己定下每年 20%、30% 的投资回报率，然后每年达到目标，已经是不可多得的成就。

面对貌似一样的股市长期过山车与短期过山车，我们只需辨别出两者的区别，经过正确比较，然后避免搭上长期过山车就可以了。这应该是所有股市投资者毕生的追求。

开心长寿，快乐投资，此乃真谛！

坚持正道走下去

买股票是赚未来钱的，历史就是未来的镜子，而且我们就是要借鉴这块历史之镜去预测未来。

每股盈利逐年递增的公司才是好公司；股价长升而市盈率不长涨的公司才是好公司；能够复权总创新高的股票，一般都是好公司。要摒弃错误的流行观点，坚守自己的投资原则。例如远离毒品，远离“低价不低”的垃圾股；尊重价值，尊敬“高价不高”的绩优股。这样便能安心睡觉，在交易时间安心休息。

杰出企业皆有迹可寻。Google 的 believing 中有以下一条：You can make money without doing evil，即“君子爱财，取之有道”。

什么是“道”？是走大道还是走小道？是走正道还是走上

岔道?

这让我想起了一部曾经看过五遍的电影《闻香识女人》。这片子看似一部故事片，实质却是一部充满哲理的教育片。查理使盲人帕西诺自杀不成，重萌活下去的希望；帕西诺则帮助查理选择了正道。查理的善行，最终有了善报。

我认为这是帕西诺演艺生涯的巅峰之作。他在充满魅力的激情演讲中说:“我一生经历过无数的转折点，我从来都知道哪一条是正道，不管情形如何，我确实知道。但我从来不走正道，为什么？因为走正道太辛苦了！

而查理现在正在他人生的转折点上，他作出了选择，而且选择的是正道，是有原则之道，有人格之道，让他继续走下去吧！纪律委员会，查理的命运在你们的手里。他的前程可贵，请相信我，别毁灭他，要保护他。我向你们保证：终有一天你们会为此而骄傲！”

这一幕对我的冲击力和震撼力，无以伦比。

The path of principle ！

“We can make money without doing evil”，这是Google的成功之道，也是我看到的前进的方向。投资正道即使沧桑难走，我也还是愿意选择，并一直走下去。